논쟁의 대가들

역설과 위트, 논리와 상상력의 39가지 철학우화

논쟁의 대가들

39 storie filosofiche

로베르토 카사티, 아킬레 바르치 지음

이현경 옮김 | 김영건 추천

 열대림

논쟁의 대가들

역설과 위트, 논리와 상상력의 39가지 철학우화

초판 1쇄 발행 2005년 6월 30일
초판 4쇄 발행 2007년 11월 20일

지은이 로베르토 카사티, 아킬레 바르치
옮긴이 이현경
펴낸이 정차임
디자인 강이경
펴낸곳 도서출판 열대림
출판등록 2003년 6월 4일 제313-2003-202호
주소 서울시 마포구 동교동 156-2 마젤란21 오피스텔 503호
전화 332-1212
팩스 332-2111
이메일 yoldaerim@korea.com

ISBN 89-90989-11-6 03100

차례

논쟁1 라운드

88호의 거울 ● 13
무의미한 타임머신 프로젝트 ● 19
위대한 시인의 비밀 ● 24
득점골은 누구 것? ● 31

논쟁2 라운드

수면제 좀비 제약회사 ● 39
기억상실증에 걸린 죄수 ● 45
뇌를 바꿔주시오 ● 50
뒤바뀐 아이스크림 맛 ● 56

논쟁3 라운드

거꾸로 시 사람들의 로또복권 ● 65
행운의 로또 숫자는? ● 71
질서 강박관념 ● 75

논쟁 4 라운드

늦게 도착한 시간 ● 83

새해맞이 축배 ● 89

출생지 증명서 ● 95

인공 사계절 섬 ● 100

이곳이 북극이었습니다 ● 104

사자가 우리 밖에 있다 ● 110

까꿀바 만우좌 왜 은울거(거울은 왜 좌우만 바꿀까) ● 116

논쟁 5 라운드

아메바 위원장의 마지막 판결 ● 125

석상 안에 작품이 숨어 있다 ● 131

찬장과 그 부품 값 별도 ● 138

하루를 기록하는 방법 ● 144

열세 번째 줄의 미신 ● 149

취소된 기차 ● 154

지구의 새로운 위성들 ● 160

논쟁 6 라운드

'미시오' 앞에서는 민다 ● 169

똑똑한 사전의 오류 ● 174

여행자용 그림책 ● 180

문방구들의 할말 ● 186

논쟁 7 라운드

최소완벽표본 ● 193
대다수가 원하는 것 ● 197
법의 모순 ● 201

논쟁 8 라운드

3등에게 보내는 찬사 ● 209
가짜 약의 진짜 효과 ● 214
흥미로워요! ● 220
자가당착에 빠진 단락들 ● 228
예측 불가능한 방문 ● 235
마법의 케이크 ● 241

꼬리말

만능 프로젝트 ● 249

후기 ● 253
추천의 글 | 당연한 것은 과연 당연한 것일까? ● 254
옮긴이의 말 | 역설과 상상력으로 일상 뒤집어보기 ● 262

여기 실린 이야기들이
모두 실제 일어난 일이라고 말할 수는 없다.
하지만 실제 일어날 수 있는 일이고, 그렇기 때문에 이 책은
독자에게 상상력과 가능성의 의미에 대해 의문을 던진다.
만일 독자가 이 이야기들이 사실과 전혀 다르다고 생각하거나,
이런 이야기들에 진실이라는 선물만이 아니라
가능성의 선물마저도 부여되어 있지 않다고 주장한다면
물론 나는 이 이야기들을 철회할 준비가 되어 있다.
그러나 지금은 일단 이 책의 독특한 주인공들이 어떤 방식으로,
무엇에 대해 논쟁을 벌이는지 만나러 가보자.

논쟁 1 라운드

88호의 거울
무의미한 타임머신 프로젝트
위대한 시인의 비밀
득점골은 누구 것?

첫번째 논쟁의 주인공은 사물의 존재 이유와 인간의 자유에 관한 의문을 자기 나름대로 풀어본 뒤 무대에서 사라진다. 또다른 이야기에서는 사건의 원인, 그리고 시간과 연결된 몇 가지 중요한 형이상학적 문제들이 등장한다. 과거로 여행할 수 있는 기계, 일명 '타임머신'을 제작하는 것이 타당한지, 과거로 여행하면서 현재를 변화시킬 수 있는지의 문제들이다. 마지막으로 다른 인물들이 등장해 축구 득점자 기록표 작성 방침에 대한, 논박의 여지가 없는 수정안을 제시한다.

88호의 거울

"라우라, 잘 있었어? 나야, 이제 막 도착했어. 잠시 휴식을 취했고, 당신이 회사에서 돌아왔을 것 같아 전화하는 거야. 여행은 아주 즐거웠고 호텔도 더할 나위 없이 품위 있다고 말해주려고 메시지 남기고 있어. 호텔 객실은 아주 넓고 환하군. 소리가 울리는 게 좀 아쉽지만(내 목소리가 메아리처럼 울리니까) 참을 만해. 이제 샤워를 하고 밖에 나가 산책을 하며 주위를 둘러볼 생각이야. 역에서 호텔로 오면서 벌써 공원과 드넓은 바다로 이어지는 해변을 발견했거든."

"라우라, 또 나야. 당신이 이 방에 있는 거울을 봤어야 하는데. 정말 큰 거울이야. 창문 맞은편 벽 한 면을 다 차지하고 있거든. 이 거울 때문에 방이 훨씬 넓고 밝아 보이는 느낌이야. 당신이 새로 꾸미고 싶어하는 서재가 바로 이렇지 않을까? 어쨌든 거울을 이렇게 붙여놓은 건 정말 최고의 아이디어라고 생각해. 방이 두 배는 커 보이거든. 나중에 이 문제에 대해서 더 이야기해 보자고."

"라우라, 대체 어디 간 거지? 내 메시지, 들은 거야? 먼저 좀 쉬는 게 좋을 것 같아서 아직 외출을 하지 않고 있어. 거울은 정말 믿을 수 없을 정도로 커. 당신이 한번 봤어야 하는데. 저 거울을 어떻게 이 방안으로 들여놓았는지 궁금해. 문으로는 절대 들여오지 못했을 거야. 어쩌면 다른 벽을 쌓기 '전에' 먼저 벽에 붙였는지도 모르지. 받침대도 없이 그냥 벽에 붙어 있어. 표면은 티끌 하나 없이 너무나 깨끗하고. 그래서 거울에 비친 모습이 실물처럼 선명하지. 우리 동네에서도 이런 거울을 찾을 수 있을까? 제발 부탁이야. 돌아오는 대로 전화해 줘."

"미안해, 또 나야. 당신이 사무실에서 붙잡혀 있지 않기를 바라고 있어. 사실 난 잠을 잘 수가 없어. 저 거울이 나를 불안하게 하고 있어. 난 아주 가까이에서 거울을 보았어. 거울은 단순할 정도로 완벽해. 그뿐만이 아니야. 손으로 거울을 만져보았는데 아무런 흔적도 남지 않았어. 보통 유리면을 만지면 손자국이 남잖아, 안 그래? 그런데 이 거울은 손을 대보아도 전혀 흔적이 안 남아. 대체 뭘로 만든 거울일까? 당신에게 고백하는데 난 거울을 긁어보기도 했어. 하지만 아무 소용이 없어. 또 이상한 점은 이 거울 위에다 글씨를 쓸 수 없

다는 사실이야. 지워지지 않는 굵은 유성 펜으로 글씨를 써보려고 했지만 아무것도 쓸 수 없었어!"

"여보세요, 라우라? 당신은 내가 미쳤다고 생각할지도 모르겠어. 하지만 이제 저건 절대 거울이 아니라는 의심이 들기 시작했어. 저런 거울은 그 어디에도 존재할 수 없어. 어쩌면 저 벽에는 아무것도 없고 거울에 비친 모습이 사실은 정말 완전한 실재가 아닌가 하는 의심이 생기기 시작했어. 마치 한 방을 완전히 대칭되게 두 개로 나누어 놓는 면이 있는 것 같아. 문제는 그 사실을 확인하기 위해 내가 거울 저쪽으로 가볼 수 없다는 거야. 내 모습과 부딪히기 때문이지. 나와 너무나 닮은 누군가가 있다는 게, 그리고 나와 똑같이 움직이고 있는 누군가가 있다는 게 두려워! 대체 이게 무슨 놀이일까."

"라우라? 라우라? 거울 표면에 손을 댔더니 뜨거웠어!"

"라우라, 대체 왜 전화를 하지 않는 거지? 정말 걱정하고 있어. 수없이 전화를 했는데, 대답이 없으니. 저기 있는 저 남자는 내가 움직이는 대로 똑같이 움직이고 있어. 아주 작은 동작도 다 따라해. 단지 차이가 있다면, 내가 오른손을 움직이면 저 남자는 왼손을 움직인다는 것뿐이야. 물론 시계도 반대쪽 손목에 차고 있고."

"당신에게 또 전화하지 않을 수 없었어. '난' 네 시간 전부터 이곳에 있었는데 마치 평생을 여기서 보낸 것 같은 느낌이야. 아니, '우리는 네 시간 전부터 여기 있었어'라고 하는 게 옳은 표현일 것 같군. 우린 두 사람인 게 분명해. 어쩌면 당신도 두 사람인지 몰라. 그렇지 않다면 지금 이 순간 저 앞의 남자가 누구에게 전화를 하고 있겠어? 난 우리가 똑같이 움직일 뿐 아니라 똑같은 기분을 느끼고 있고 어쩌면 똑같은 불안감을 느끼고 있으리라고 확신해. 라우라, 웃기 말아줘. 하지만 지금 나는 이 '거울'이, 완벽하게 대칭을 이룬 두 우주를 갈라놓는, 눈에 보이지 않는 경계선이라고 생각하고 있는 중이야. 우리의 우주와 그것을 복제한 우주 사이의 경계. 이제 밖으로 나가서 그 경계선이 밖에도 있는지 혹은 이 악마 같은 방안에만 있는 것인지 확인해 봐야겠어."

"안녕, 또 나야. 내 자신을 믿을 수가 없어서 밖에 나가지 않았어. 적어도 여기 있으면 내가 상황을 제어할 수 있다는 느낌이 들거든. 그의 '모든' 움직임을 통제할 수 있으니까. 마치 내 복제품이 내 뜻대로, 나 좋을 대로 움직일 수 있는 꼭두각시 같아."

"라우라, 혹시 나를 통제하는 게 거울 속의 그가 아닐까? 혹시 내가 그의 꼭두각시 아닐까? 하지만 난 언제나 그랬듯이 완전히 자유롭게 내가 하고 싶은 일을 할 수 있어. 당신에게 전화를 걸어서 이런 메시지를 남기기로 작정한 사람은 바로 나야. 원한다면 다른 쪽으로 몸을 돌릴 수 있는 사람도 바로 나라고. 어쩌면 우리 둘 다 자유로운 존재이고 동시에 통제되는 존재가 아닐까? 라우라, 제발 집에 돌아오는 대로 전화 좀 해줘."

"라우라, 대체 어디 가 있는 거지? 난 뭔가 해야만 해. 여기 이 남자로부터 해방되어야 해. 문제는 내가 어떻게 해야 하는 건지 전혀 생각이 나지 않는다는 거야. 문밖으로 나가려고 하다가 다시 들어왔어. 물론 그도 그렇게 했지."

"그는 내 것과 똑같은 권총을 가지고 있어. 난 그에게 총을 쏘고 싶다는 생각을 하지 않으려고 해. 그러면 그 역시 내게 총을 쏴야겠다는 생각을 하지 않을 거라고 혼자 말했지. 그러면 아무 일도 일어나지 않겠지, 안 그래? 내가 쏜 탄알들이 저기, 방 한가운데서 충돌하겠지? 라우라, 전화해 줘, 이건 악몽이야."

"라우라? 그를 제거할 수 있는 방법이 있어. 꼭 한 가지야."

무의미한 타임머신 프로젝트

존경하는 심사위원회 귀하

저희는 위원회의 결정에 이의를 제기하는 일에 익숙하지는 않지만, 타임머신 제작을 위한 재정적 지원 요청 건에 대해서는 이의를 제기하는 것이 보다 타당하다고 생각합니다. 위원회는 우리 프로젝트가 "논리철학적 명상이라는 측면에서는 흥미롭지만 실제 응용면에서는 가능성이 없다"며 반론을 제기했습니다(반론은 판단에 결정적 영향을 미치는 요인입니다).

프로젝트의 과학성이 응용적 가능성에 의존해야 한다는 것이 선정 기준의 기본 원칙이라고 생각하지 않았기 때문에, 우리는 이런 기준으로 재정 지원 요청서를 탈락시켰다는 사실에 몹시 놀랐습니다. 솔직히 말해서 우리는 '타임머신 제작'이라는 것보다 더 낙관적인 응용 가능성을 가진 프로젝트를 구상할 수 없다고 생각했습니다. 예를 들면,

— 관광, 문화적 장려 : 우리는 프랑스 혁명을 가까이에서 관찰할 수 있도록 학생들을 그 시대로 수학여행을 보낼 수 있으며, 피라미드 건축을 지켜볼 수 있고, 소크라테스의 수업을 비디오로 녹화해 올 수 있습니다.

— 고생물 원정대 : 이미 우리는 디노사우러스 사냥대회(어찌되었든 멸종될 테니) 개최 요청을 한 적이 있습니다.

— 과거를 배경으로 한 거대한 영화 세트장 제작시 비용 절감(「글래디에이터」를 찍는 데 제작비가 얼마나 들었을까요?)

— 과거의 실수들을 분석하여 미래에 되풀이되지 않게 한다.

— 역사의 거대한 수수께끼 해결

등등, 응용적인 면에서 이보다 더 기대 효과가 큰 프로젝트를 알고 계십니까?

안녕히 계십시오.

타임머신 연구센터

존경하는 타임머신 연구센터 귀하

귀 연구센터에서 제시한 목적을 위해 타임머신을 이용할 수 있다면 분명 흥미로울 것입니다. 과거로 돌아가 젊은 카이사르에게 장학

금을 주고 그의 사악한 계획에서 그를 벗어나게 해서 정직한 예술가로 경력을 쌓게 하는 건 바람직한 일일 수 있습니다. 과거에 살인을 저질렀던 사람들을 모두 저지할 수 있다면 정말 굉장할 겁니다.

그렇지만 어느 날 정말 귀 연구소가 타임머신 제작에 성공했다고 상상해 봅시다. 정말 당신들이 그 기계에 누군가를 태워 과거로 보냈다고 상상해 봅시다. 그랬는데도 우리에게 알려진 과거가, 우리가 알고 있는 그런 추악한 일들로 가득 차 있는 건 내체 무슨 이유 때문입니까? 여러분들이 과거로 갔다면 무엇 때문에 그 사건들에 개입을 하지 않은 겁니까?

둘 중 하나입니다. 구체적인 결과가 보이지 않는다는 것은, 당신들이 결코 타임머신을 제작할 수 없다는 증거입니다. 혹은 좋은 의도로 그것을 제작하지 않았다는 증거입니다. 당신들의 프로젝트에 재정 지원을 약속하지 않는 하나의 이유는 논리적인 것입니다. 또다른 하나는 윤리적인 문제 때문입니다.

안녕히 계십시오.

위원회

존경하는 위원회 귀하

분명 위원회에서는 이전에 보낸 편지에서 우리가 언급한 예들에 사건의 자연적 흐름에 변화를 초래할 수도 있는 몇 가지 응용적인 면이 포함되지 않았다는 점을 지적하셨습니다. 사실 우리 프로젝트는 과거를 '방문할 수 있'으나 그것을 '바꿔놓을 수는 없'다는 전제 하에 시작되었습니다. 과거에 있었던 일은 이미 있었던 일일 뿐입니다. 이것은 우리의 여행자들이 역사의 흐름에 주역으로 참여하지 않고 구경만 해야 한다는 것을 의미하지는 않습니다.

다만 과거에서 완성되게 될 행위들은, 타임머신을 타고 갑자기 여행자들이 과거에 등장한 때부터 완성되었던 행위들입니다. 그것들은 여행자들의 주관적인 시간과 비교했을 때는 '완성되어야 할 행위'들이고 역사라는 객관적 시계로 보면 '완성된 행위'입니다. 이것이 논리적인 이유를 대변해 줍니다.

윤리적인 이유도 마찬가지입니다. 사실 우리가 카이사르를 찾아간다 해도 그에게 화가가 되라고 그를 설득할 수 없었을 것입니다. '그는 화가가 아니기 때문에' 그럴 수 없습니다. 우리가 거기서 할 수 있는 일은 아무것도 없습니다.

안녕히 계십시오.

타임머신 연구센터

존경하는 타임머신 연구센터

분명한 설명 감사합니다. 과거를 수정하는 것(불가능한 일)과 과거 속에서 움직이는 것(가능한 일)을 분명히 구별해 준 그 설명을 높이 평가합니다. 그렇지만 이러한 구별은 처음 우리가 받았던 인상을 확인시켜 줄 뿐이었습니다. 응용적인 면에서 당신네 프로젝트는 아무

가치가 없습니다. 과거로 '갈' 사람이 이미 과거에 가 있다면, '해야 할 일'이 이미 '완성되어 있다면' 타임머신을 위해 투자할 이유가 어디 있습니까?

안녕히 계십시오.

위원회

많은 이들로부터 현대 서정시의 대표자로 인정받았던 지난 세기의 위대한 시인 Z의 경력은 오늘날까지도 그야말로 수수께끼 그 자체였다. 그 어떤 비평가와 역사가도, 사춘기와 청년기를 약삭빠른 처세술로 일관한 그런 인물이 어떻게, 어느 날 갑자기 삶의 태도를 바꿔 시작(詩作)에 전념함으로써 명성을 얻게 되었는지를 설명하지 못하고 있다. 게으른 상업학교 학생으로 묘사되었던 Z가 어떻게 해서, 전 시대를 통틀어 가장 많이 팔린 작품의 저자인 바로 그 Z가 되었는지를 설명할 수 있는 사람은 아무도 없었다.

그런데 우리는 마침내, 수수께끼를 푸는 데 중요한 자료를 세상에 보여줄 수 있을 것 같은 생각이 든다. 그것은 Z 본인이 쓴 것이 분명한 편지 한 장이다. 편지에는 1937년 5월 8일, 그러니까 시인의 첫

작품에 대한 권위 있는 비평이 발표되기 며칠 전 날짜가 적혀 있다. 우리는 몇 부분만 수정을 가한 뒤 그 내용을 공개하려고 한다.

사랑하는 레나에게

(……) 오늘 새벽, 내가 아직 잠자리에서 일어나지 않았을 때 한 남자가 문가에 나타났어. 리프쉬츠 부인(그 당시 Z가 머물던 여관의 주인)이 그를 들어보낸 게 틀림없어. 그는 자기 이름을 '……'(알아볼 수 없는 글자였음)라고 말했지. 그는 이상한 차림이었는데 말하는 것도 역시 이상했어. 이쪽 지방 사람이 아닌 게 분명했어. 그는 자기가 미래에서, 23세기에서 왔다고 말했어.

"미래에서 왔다구요?" 나는 서둘러 셔츠 단추를 끼우고 바지를 입으면서 그에게 물었지. 그는 자기가 타임머신을 타고 여행 중이라고 설명했어. 타임머신은 아마 한 공간에서 다른 공간으로 우리를 이동시켜 주는 운송 수단들처럼 시간 속에서 과거로 가기도 하고 미래로 갈 수도 있게 해주는 기계인 것 같았어.

그는 자신이 사는 세상에서 아주 유명한 문학사가라고 했어. 많은 책을 썼는데 그 중 몇 권이 가방에 들어 있었어. 그는 내 작품에 자기 인생의 20년을 바쳤다고 말했고, 이렇게 직접 나를 만나게 되어 더할 나위 없는 영광이라고 하더군.

나는 그를 자리에 앉혔어. 그가 불편해 하는 것 같았기 때문에 나도 정신을 좀 차리려고 했지. "이렇게 정신없어서 미안합니다." 내가 말했어. 그는 미소를 지으며 말을 하기 시작했어. 그러면서 눈으로는 방안을 살펴보기 시작했지.

"전 선생님과 인터뷰를 하러 왔습니다." 그가 말했어.

"우리 시대에서 선생님은 가장 위대한 고전 작가이십니다. 선생님의 시는 문체의 모범이 되었고 모방할 수 없는 창조성을 지닌 작품으로 평가받고 있습니다."

시라니? 그가 계속 말했지.

"제가 공부했던 고등학교는 선생님 이름을 학교명으로 사용하고 있습니다. 전세계 도시의 거리와 광장들이 선생님의 이름을 붙여 선생님을 기억하고 있습니다. 젊은이나 노인이나 모두 다 선생님의 시를 외우고 있으며, 그것을 암송하며 감상에 젖는답니다. 이렇게 선생님을 만나뵙게 되다니 저로서는 정말 한없는 영광입니다."

나는 그가 대체 무슨 말을 하고 있는지 이해할 수가 없었어.

"선생님의 작품, 특히 젊은 시절의 작품에 관해 제가 쓴 연구 논문 몇 편을 가져왔습니다. 그리고 제가 직접 편집한 선생님의 작품 선집에 대한 비평서도 한 부 가져왔습니다."

나는 뭐라고 말하고 싶었지만 그가 계속 말했어.

"선생님께서 반대를 하시지만 않는다면 저는 선생님의 개인 서재를 꼭 보고 싶습니다. 비평가들과 전기 작가들이 너무나 애석해 하는 것 중 하나가 바로 선생님께서 어떻게 시작(詩作) 훈련을 했는지에 대한 기록이 공백으로 남아 있다는 점입니다. 지금 선생님께서는 스무살이시지요, 맞습니까? 젊은 시절 선생님께서 소장하고 있던 책들이 유실되었다고들 생각하고 있습니다. 그래서 저는, 너무 무례한

질문이 되지 않길 바라면서, 선생님께서 가장 좋아하는 작가는 누구인지, 가장 사랑하는 작품은 어떤 것인지 궁금합니다."

나는 그에게 내 책들을 보여주었어. 그에게 아무런 의미도 없는 작가들이었지. 그가 메모를 하긴 했지만 실망하는 것 같았어.

"문체의 스승들과, 선생님께 영감을 줄 작가들을 만나게 될 겁니다. 제가 선생님을 찾아온 것은 선생님 경력의 이런 면을 분명하게 밝히기 위해서입니다. 저는 그런 면이 지나치게 무분별하게 다뤄지지 않기를 바라고 있습니다. 다른 모든 연구 방법들은 모두 쓸모없다는 게 밝혀졌습니다."

나는 그의 방문이 전혀 불쾌하지 않았고 오히려 굉장한 호기심을 느꼈지만 당신이 사람을 잘못 찾은 게 틀림없다고 말해주었어. 그러나 그는 자기가 가져온 책 한 권을 펼치더니 내게 어떤 문장들을 읽어주었어. 그 이야기들은 분명 몇 년 전에 나와 내 형제들에게 일어난 일들이었어. 그는 내게 사진들도 보여주었어. 물론 내 사진이었지. 그 중 하나는 그가 책상에 앉아 내 앞에서 책을 펼치며 내게 말을 하고 있던 바로 그 순간 내가 입고 있던 바지와 셔츠 차림이었지. 나는 대체 누가 이런 사진을 찍었는지 물어보려고 눈을 들었어. 그런데 그때 번쩍이는 섬광에 눈앞이 보이지 않았지.

"플래시를 터뜨려 죄송합니다." 그가 섬광을 발산하는 그 이상한 기계를 다시 가방에 넣으며 말했어.

내가 커피를 끓이는 동안 그는 자리에서 일어나 주위를 살펴보며 어질러진 방안을 뒤졌지. "괜찮으시다면 다른 방을 좀 둘러봐도 될까요? 아시다시피 제가 이용할 수 있는 시간은 얼마 되지 않기 때문에 가능한 한 많은 자료를 모아가고 싶습니다." 나는 그가 좀더 자세히 이 사태를 설명해 주길 바랐지만 그는 계속 말했지.

"저는 선생님을 만나러 오기 위해 아주 복잡한 여행을 했습니다. 선생님께서 메모나 습작, 서랍 속에 넣어둔 시라도 몇 편 제게 보여주실 수 있다면 좋을 텐데요. 미발표된 작품이 있다는 것을 전세계 독자들이 알게 되면 얼마나 기뻐할지 선생님께서는 상상두 하지 못하실 겁니다."

물론 나는 아주 하찮은 메모 몇 개밖에 가지고 있지 않지만 그를 기쁘게 해주려고 그것을 보여주었어. 내가 당신 생일을 축하하기 위해 쓴 보잘것없는 시도 그에게 전해주었지. 그는 조용히 그 시를 읽더니 아무 말 없이 되돌려주었어.

그는 매우 급해 보였어. 안절부절 못했지. 그러다가 갑자기 벌떡 일어나더니 인사도 하지 않고 문밖으로 달려나갔어. 정말 이상한 사람이야. 자기 가방도 잊어버리고 갔거든. 책들도.

나는 책을 넘겨보다가 굉장한 호기심이 생겼어. 그 책은 나에 대한 이야기, 아니 적어도 내 이름을 가진 어떤 사람에 대한 이야기였어. 그 책에서는 어느 순간에 이르러 내가 눈부시게 아름다운 시를 쓰기 시작했다고 말하고 있었어. 나는 그 시 몇 편을 읽어보았는데, 정말 강렬하고 감동적이었다고 말해야 할 것 같아. 그런데 정말 그 시를 쓴 사람이 내가 맞을까? 내가 그런 시를 쓸 수 있을까?

사랑하는 레나, 나는 내 손님이 떠난 뒤 오랫동안 생각해 봤어. 만약 후세인들이 이렇게 말한다면, 이 사람이 나라면, 정말 그게 사실이지 않을까? 당신 생각은 어때? 아니 적어도 그렇게 되어야 한다는 뜻이겠지. 정말 내가 이런 시를 썼다면, 난 앞으로 이런 시를 써야 할 거야.

　이 책에는 내가 오래 살았다고 쓰여 있어. 그러니까 시간은 충분해. 펜과 종이도 충분하고. 내가 이해할 수 없는 것은 '내' 작품 전집에서 내가 읽은 그런 아름다운 시를 쓰기 위해서 이제 어떻게 해야 할까 하는 점이야. 자, 첫번째 시를 베껴서 당신에게 보낼게. 그러면 내가 무슨 말을 하고 있는지 이해할 수 있을 거야. (……)

그 : (읽고 있던 신문을 내려놓으며) 점수 기록원들의 기록표에는 항상 문제가 있어. 기록표가 부당하고 약간의 속임수도 있다는 것을 알게 되었어. 알도가 공을 빼내 거의 모든 선수들의 진로를 가로막고 다른 선수와 부딪쳐 쓰러지기도 하면서 용감하게 방향을 바꿨어. 그리고 불가능한 위치에서 낮으면서도 강력한 슛을 날렸지. 하지만 상대팀 풀백인 브루노가 공을 약간 건드려 방향이 바뀌고 나서야 득점을 했지.

그녀 : 자살골이었어.

그 : 바로 그거야. 점수 기록원들의 기록표는 변함없이 그대로일 거고 그래서 이 사실은 브루노의 실수로 역사에 남게 될 거야. 잠시 후 알도는 바깥쪽 윙에서 일렬로 늘어선 상대팀 선수들 앞에서 드리

블을 하다가 넘어졌지만 다시 일어나서 갑자기 공을 차 올렸어. 다시 득점을 했는데, 그건 실수로 같은 팀 동료인 카를로의 등에 공이 맞아 방향이 약간 바뀌어서 득점을 한 거야. 득점은 카를로의 것으로 인정이 됐고 다시 경기가 계속됐지.

그녀 : 사실은 그렇게 쉬운 문제는 아니야. 난 축구 규칙은 잘 모르지만 그런 종류의 일에 대해서는 상식을 통해 뭔가 조언을 얻을 수 있을 거라고 생각해. 첫째, 알도의 슛이 실제로 정확히 골인을 시켰다면 수비수나 다른 공격수가 그 공의 방향을 바꿨다 해도 그 골은 알도의 것이었을 거야. 둘째, 그렇지만 알도의 슛이 표적을 벗어나서, 공이 다른 쪽으로 방향을 바꾸었기 때문에 골인이 되었다면 그 골은 개입의 의지가 있고 없고와는 관계 없이 브루노의 자살골이나(첫번째 상황에서) 카를로의 정당한 득점골로 분류해야겠지. 첫번째 경우에는 다양한 설명이 가능할 테니 그건 그냥 놔두도록 하고, 분명해 보이는 것은 두 번째 경우야. 만약 공의 방향이 바뀌지 않았다면 공은 땅에 떨어지고 말았을 거야. 그러니까 알도가 아무리 노력을 했어도 그가 득점한 것이 될 수 없어. 공은 브루노와 카를로의 개입이 없었다면 — 고의는 아니었다 하더라도 — 득점으로 이어지지 않았을 테니까.

그 : 잠깐만. 공의 방향이 바뀌지 않았다면 골이 들어가지 않았다는 말은 맞아. 그렇지만 또 슛을 하지 않았다면 공이 들어갈 수 없지.

그녀 : 만약 그렇다면 책임이나 우연과 같이 중요한 개념에 관한 우리의 직관에 뭔가 문제가 있다는 걸 의미해. 잠시 생각해 보자고.

한 사람이 한 사건에 책임을 져야 한다는 건 무엇을 의미하지? 그것은 만약 그 사람이 그 행동을 하지 않았더라면 그 사건은 일어나지 않았으리라는 것을 뜻해. 우리가 어떤 사건이 다른 사건의 원인이 되었다고 말한다면 이건 무얼 뜻하는 걸까? 만약 첫번째 사건이 일어나지 않았다면 두 번째 사건도 일어나지 않았으리라는 것을 입증한다는 것을 의미해. 여기까지는 너무나 분명하지. 그렇지만 행위(혹은 사건들)와 그 결과들의 관계가 그렇게 난순하고 직선직이지 않을 때는 뭐라고 해야 하지? 만약 방향이 바뀌지 않았다면 득점도 없었을 거야. 하지만 당신이 말한 것처럼 슛이 없었다면 그때도 득점을 할 수 없었겠지. 그러면 책임은(혹은 공적은) 누구에게 돌아가야 할까?

그 : 바로 그거야. 그렇지만 책임의 연쇄고리를 너무 거슬러 올라가다 보면 공격수의 증조부까지 끌어들이게 되고 말 거야. 증조부가 없었다면 골도 없는 거지.

그녀 : 일이 이렇게 되었다고 상상해 봐. 알도가 골대를 향해 슛을 쏘았어. 그의 앞에 일렬로 서 있던 브루노와 카를로가 공을 가로막았어. 공이 브루노를 맞춰 브루노가 땅에 쓰러지고 말았지. 그렇지만 공이 정확히 그 순간 브루노에게 맞지 않았다면 공은 의도한 것은 아니지만 카를로의 몸에 맞아 빗나가게 되었을 거야. 이런 경우에는 뭐라고 해야 하지? 브루노가 골을 피했다고 말할 수 있을까?

그 : 공이 카를로의 몸에 맞았으니 그럴 수 없을 것 같은데.

그녀 : 게다가 공이 골대 안으로 들어가지 못하게 한 게 카를로였다고도 말할 수 없는 거지. 결국 카를로가 한 일은 아무것도 없

으니까.

그 : 하지만 그렇다면 알도의 숏을 방해한 사람은 누구지?

그녀 : 이와 같은 경우들은 관념상의 긴장이 극심하다는 것을 보여주는 예들이야. 내가 우산을 쓰고 빗속을 걷고 있어. 머리엔 모자를 썼어. 내 목이 젖지 않았다면 그때 난 우산과 모자 중에서 어떤 것에 감사해야 할까? 우산은 아니야. 내가 모자를 쓰고 있으니까. 그렇지만 모자에게도 아니야. 우산을 쓰고 있으니까. 또 알도가 진열장에 돌을 던졌는데 브루노가 날아가는 그 돌을 잡았어. 상점 주인들은 브루노에게 감사를 하고 싶을 거야. 하지만 브루노 뒤에는 카를로가 있었어. 분명 그 돌은 상점 진열장이 아니라 카를로를 맞췄을 거야. 주인은 누구에게 감사해야 할까? 간단히 말해서 카를로는 별달리 한 일이 없어(오히려 돌에 맞을 뻔한 자신을 지켜준 브루노에게 감사해야 할 걸). 그렇지만 브루노 역시 진열장을 구한 건 아니야.

그 : 이렇게 복잡한 상황들을 판례에서 쉽게 찾아볼 수 있을 것 같은데.

그녀 : 그렇지만 문제는 실제적인 것보다 이론적인 데 있어. 이것들은 우리가 어떻게 말해야 좋을지 모를 상황이야.

그 : 고르디아스의 매듭을 풀듯, 단번에 해결해 버리는 게 어때? 브루노와 카를로 두 사람 모두에게 고마워하는 거지. 우산과 모자 모두에게, 아니 좀더 정확히 말하자면 모자와 모자를 지켜주는 우산의 일부분이 만들어내는 조화에 감사를 해야지.

그녀 : 고르디아스의 매듭을 푸는 것 같은 그런 해결 방식도 그렇

지만, 당신이 지금 말한 해결책도 좋은 것 같지는 않은데? 그건 모두에게 약간의 불만을 남기게 되거든.

그 : 그래도 점수 기록원의 기록표가 부당해 보일 때, 그런 문제를 해결하는 데는 활용할 수 있을 것 같은데. 그러니까 방향을 바꾼 골을 '동등하게' 분류하는 거야. 만약 슛이 다른 이의 진로 방해 때문에 득점이 되었다면 두 사람 모두 각자의 역할을 했다고 말할 수 있는 거지. 좋든 싫든 각지 빈 골을 넣은 기야.

우리의 존재 방식(이중 세계, 시간 여행)에서부터 일상성을 지닌 점수 기록표에 이르기까지 서로 현저하게 거리가 있는 상황을 접근시킨 점이 이상하게 보일 수도 있을 것이다. 하지만 이들 사건 속에는 공통적인 문제가 숨어 있다. 그것은 바로 다양한 양상을 보이는 원인과 결과의 문제이다.

여자친구의 자동응답기에 당황스러운 메시지를 남기는 가엾은 남자가 자신의 행동이 자신의 의도에 따른 것인지 혹은 거울에 비친 또다른 자신의 의지에 따른 것인지 자문하는 것은 전혀 이상하지 않다. 그가 정답을 알 수 있게 도와줄 수 있는 건 뭘까? 시간 여행을 하기 위해 무슨 일을 할 것인지 공상하기 전에, 무엇을 위해 그 여행을 해야 하는지를 생각해야 한다. 처음이 나중이 되고 나중이 처음이 된다면 우리의 행동은 어떤 결과를 초래하게 될까? 그와 그녀는 원인과 관련된 매우 어려운 문제를 50퍼센트의 만족을 얻을 수 있는, 자의적인 방법으로 해결하기로 한다. 이것은 독자에게 많은 불만을 남길 수 있다. 그런데 불만은 어디 있는 것일까? 우연성에 대한 우리의 관념은 이런 경우들을 통해 무의식중에 형성되는 것은 아닐까? 우리가 우연히 부딪히게 되는 의심들은 그후에 발생하는 많은 일들 속으로 조용히 뻗어나간다.

철학은 종종 관념상의 긴장에서, 좀더 정확히 말하자면, 삶의 수많은 정상적인 상황에서 사용했던 관념들을 새롭거나 기이한 상황에 적용할 수 없게 될 때 비로소 탄생한다. 우리는 관념 체계의 유연성을 시험해 봐야 하지만 그렇게 하기 위해서는 가끔 우리의 관념이 극단으로까지 나갈 수 있는 환상적인 장면들을 상상해 볼 필요가 있다. 그러면 다음 논쟁으로 넘어가 보도록 하자.

논쟁 2 라운드

수면제 좀비 제약회사
기억상실증에 걸린 죄수
뇌를 바꿔주시오
뒤바뀐 아이스크림 맛

새로운 인물들과, 1라운드에 등장했던 인물들이 다시 등장해, 정신이란 포착하기 힘든 실체라는 사실을 발견한다. 그들은 꿈속에서 말을 할 수 있고 대화 상대자를 당황스럽게 만들 수 있다. 대화 상대자는 그들이 의식이 있는지 없는지를 말할 수가 없다. 맛을 정의한다는 것 또한 결코 쉬운 일이 아니다. 기억이 없다면 책임에 대해서도 인격에 대해서도 말할 수 없을 것이다. 그리고 장기 이식에서는 수혜자가 되는 것보다는 기증자가 되는 편이 더 낫다는 것을 지적하기 위해, 판단을 어지럽히는 참견쟁이가 나타나 두뇌가 정신보다 훨씬 쉽게 사라져버릴 수 있음을 증명한다.

수면제
좀비
제약회사

(스튜어디스의 목소리) 안전벨트를 매주십시오.

　그 : (좌석에서 예의바르게 일어나면서) 실례지만 잠깐만 지나가겠습니다. 이 의자들은 정말 불편하군요.

　부인 : 고마워요. 난 비행기 여행이 싫어요. (핸드백을 연다) 빨리 약을 한 알 먹어야겠어요.

　그 : 수면제 좀비? 효과가 좋겠군요. 우리 대화는 여기서 중단되겠네요. 착륙하면 깨워드릴까요?

　부인 : 아니에요. 걱정할 것 없어요. 이 수면제는 의식은 없게 하지만 다른 지적, 육체적 기능들에는 전혀 영향을 미치지 않으니까요. 선생님과 대화할 수도 있고 영화를 볼 수도 있고 출입국 서류를 작성할 수도 있어요. 감자자루 꼴이 되지 않고도 비행기 여행을 견

며낼 수 있는 좋은 방법이지요.

그 : 그게 무슨 말씀이십니까? 의식을 잃으면 깊이 잠들게 되지 않습니까?

부인 : 그건 '제' 관점에서 일어나는 일이에요. 약이 효과를 나타내서 의식은 완전히 깜깜해져요. 약 효과가 사라졌을 때 다시 환해지는 거예요. 그렇지만 '당신의' 관점에서는 전혀 변하는 게 없어요. 전 계속 선생님께 말하고 적절하게 대답해 드릴 거고 질문도 할 수 있어요. 그러니 선생님은 별 차이를 못 느끼시겠지요.

그 : 어떻게 그럴 수 있는지 이해할 수 없군요.

부인 : 좀비에 대한 철학이 담긴 저명한 문학서가 있어요. 거기 나오는 가상의 존재들은 의식은 없지만 일반 사람들과 똑같이 행동하지요. 우리 회사는 그 아이디어를 이용했어요. 수면제 좀비 특허를 내는 데 수십억을 투자했습니다. 보세요. 의식이라는 건 매우 일시적인 현상이고 망망대해처럼 넓고 깊은 정신 위에 뜬 거품 같은 것입니다. 만약 당신이 거품을 거둬낸다 해도 물결에는 변화가 없습니다. 정신은 의식이 없어도 계속 작용을 합니다. 간단히 말해, 뇌는 정보들을 처리해 내는 기계입니다. 내가 눈을 뜨고 있기 때문에 내 뇌는 계속 정보들을 기록하고 다듬고 내 행동과 결정을 통제합니다. 단 한 가지 차이점은 내 정신의 어느 곳에서도 의식의 필름이 투영되지 않는다는 겁니다. 사실 의식은 사치이고 미적 변덕입니다. 제가 말했듯이 깊이를 알 수 없는 대양의 표면 위에 뜬 가벼운 거품입니다.

그 : 사실 전 우리 인간만이 의식이라는 특권을 가지고 있다는 글을 읽은 직이 있습니다. 데카르트에게 개와 고양이는 로봇과 같은 것이었습니다. 바로 좀비 같은 겁니다.

부인 : 그렇다고 해도 우리는 개와 고양이를 로봇처럼 다루지는 않습니다. 그리고 당신 역시 내가 마치 좀비가 아닌 것처럼, 완전히 정상적인 사람으로 대하고 있다는 걸 잘 생각해 봐요.

그 : 미안합니다. 그런데 효과를 보려면 수면제를 복용하고 얼마나 시간이 걸립니까?

부인 : 오, 즉각적인 효과가 있어요. 수면제를 먹자마자 의식을 잃게 됩니다. 당신은 눈치챌 수 없겠지만 저는 깊이 잠들어 있습니다.

그 : 잠든 상태에서 제게 말을 한다는 말입니까? 아니면 제게 말을 하면서 꿈을 꾼다는 말입니까?

부인 : 꿈을 꾼다구요? 천만에요. 만약 그렇다면 처음부터 다시 시작해야 할 겁니다. 제 꿈은 현실과 구별되지 않습니다(바로 데카르트 자신이 꿈은 의식의 한 형태라고 말했지요). 그러면 왜 수면제를 먹을까요? 보십시오. 지금 이 순간 제 머리 속은 분명 완전히 깜깜할 겁니다.

그 : 제가 이런 대화를 계속해야 하는 건지 잘 모르겠습니다. 그럼 대체 당신이 자고 있는지 깨어 있는지는 어떻게 알 수 있습니까?

부인 : 전 수면제 좀비가 훌륭한 제품이라고 알고 있습니다. 그러니까 저는 지금 이 순간 제 의식이 전혀 없고 꿈이 없는 수면 속에 깊이 빠져 있다고 당신에게 말할 수 있는 충분한 근거들을 가지고

있습니다. (받으세요, 이 팸플릿을 읽어보세요)

그 : 아니요. 천만의 말씀입니다. 한 가지만 말씀해 주십시오. 수면제 좀비 제약회사에서 일하신 지 오래되셨습니까?

부인 : 몇 년 됐어요. 왜요?

그 : 당신네 제품이 성공을 거뒀는지 궁금해서요. 제가 읽은 책 중에 의식을 저주로 생각하는 사람이 나오거든요. 우리는 살아가면서 책임을 지고 싶지 않은 여러 가지 상황들을 맞게 됩니다. 당신네 제품의 고객이 많다 해도 전 별로 놀라지 않을 겁니다.

부인 : 오, 정말 많아요. 비행기를 탈 때 조종사들도 우리 제품을 가지고 있는 것을 봤어요. 이해가 가요. 한 달에 네 번씩 대양을 횡단한다는 건 정말 권태로운 일일 거예요.

그 : 뭐라구요! 지금 이 비행기를 두 명의 좀비가 조종한다구요?

부인 : 걱정 마세요. 이 약은 전세계 보건 당국의 실험을 거쳐 승인을 받았으니까요. 그것보다 이렇게 흥분하시는 걸 보니 당신도 약을 한 알 드시는 게 어떨까요?

그 : 고맙소. 그러니까 잠시 후면 두 명의 좀비가 대화를 시작하게 되겠군요. 기억을 잘 해두려면 메모라도 좀 해두는 게 좋을 것 같군요.

부인 : 전혀 그럴 필요 없어요. 수면제 좀비는 현재의 의식을 제거하지만, 나중에 지금의 경험을 기억할 수 있도록 정신의 어느 곳엔가 기록을 해놓으니까요. 그래서 우리가 잠에서 깨어났을 때는 우리가 서로 낯선 사람들이 아니라 철학적인 대화를 함께 나누며 기분좋

은 오후를 함께 보낸 사람들이 되는 것이지요. 게다가 우리가 기억
을 하지 못한다면 경험을 바탕으로 우리의 개성을 구축할 수 있는
방법이 전혀 없게 되겠지요.

기억상실증에 걸린 죄수

발신 : 수감자 M. 로씨

수신 : 교도소장

존경하는 소장님, 실례를 무릅쓰고 또다시 질문을 드리게 되었습니다. (지난 2월 10일과 21일에 보낸 제 편지를 봐주십시오) 언제부터 어떤 이유로 제가 이 감옥에 수감되어 있는 겁니까? 이상해 보일 수도 있겠지만, 제가 소장님께 설명드렸던 대로 제가 저질렀다는 범죄도, 선고를 받은 날도 전혀 기억이 나지 않습니다. 죄송하지만 저를 좀 도와주실 수 있겠습니까?

발신 : 담당 의사

수신 : 벨라비스타 교도소

베르디 사건으로 이 교도소에 수감되어 있는 M. 로씨 씨는 사건 발생 후 심각한 기억상실증에 걸렸음을 증명합니다. 재판이나 선고에 관련된 다른 사실뿐만 아니라 자신이 형을 받게 된, 범죄와 관련된 모든 사건을 기억할 수 없을 정도의 기억상실증에 걸려 있습니다. 한편 이성, 감정적 기능들은 전혀 손상을 입지 않았습니다.

「지방 소식」 본사 특파원 보도

벨라비스타 교도소에서 책임과 관련된 흥미로운 문제가 발생했다. 베르디 사건으로 형을 언도받은 M. 로씨 씨가 자신이 저지른 범죄에 대한 기억을 상실했다고 한다. 구치소에 수감되어 있을 때 로씨 씨는 자신의 죄를 뉘우치며 자신의 죄를 용서해 달라고 여러 번 간청했다. 그는 모범적인 죄수로 '기억의 힘'이라는 활동을 처음으로 시작하기까지 했다. 이것은 죄수들이 자신의 범죄에 대한 기억을 떠올려 깊이 반성함으로써 사회에 복귀할 수 있도록 도와주는 프로그램이었다. 교도소 위원회는 어떤 결정을 내려야 할지 심사숙고하는 중이다. 현재로서는 정신적 충격을 받고 난 뒤 로씨 씨에게 벌어질 일이 두려워 로씨 씨에게 그가 수감되어 있는 이유를 알려야 할지의 여부를 결정하지 못한 상태이다.

발신 : L. 베르디
수신 : 벨라비스타 교도소 위원회

    존경하는 교도소 위원회 여러분. M. 로씨가 자신이 투옥된 이유를 전혀 모르고 있다는 소식을 접했습니다. 저는 그의 기억을 되찾게 해줘야 한다고 생각합니다. 그 사람은 파렴치한 행동으로 제 가족의 명예에 먹칠을 했습니다. 그래서 저는 기억의 무게를 우리만 짊어지고 가는 것은 부당하다고 생각합니다. 지금 로씨가 자신의 행동을 잊어버렸다는 이유 하나만으로, 범죄를 저지른 여타의 죄인들과 다른 사람이라고 말할 수는 없는 것 아닙니까? 저 역시 과거의 기억들 몇 가지 정도는 잊어버렸습니다. 그러나 그렇다고 제가 다른 사람이라고 생각하는 사람은 아무도 없을 것입니다. 개인의 정체성이, 과거의 경험에 대한 기억에 달려 있다는 건 경험주의 철학의 흥미로운 이론이지만 지금 우리는 학교 책상에 앉아 있는 것이 아닙니다.

발신 : S. 베르디
수신 : 교도소 이사회

    존경하는 소장님, 저는 2년 전 8월에 우리 가족을 덮친 사건을 자신의 범행이라고 자백한 M. 로씨 씨의 사면 요청을 지지하기 위해 이렇게 편지를 쓰게 되었습니다. 정신감정을 통해 로씨 씨가 계속되는 기억상실증 때문에 범죄에 대한 기억을 완전히 상실해 버렸다는 것이 확인되어 모든 의구심이 일소되었다고 생각합니다. 그래서 저는 그의 기억 속에 아무런 흔적도 남아 있지 않은 사건에 대해 형을 살도록 선고한다는 것은 잔인하고 부당하다고 생각합니다. 이러한 관점에서 로씨 씨는 아무 죄도 저지르지 않았는데 갑자기 잠에서 깨어보니, 자신은 알 수 없는 이유로 형을 언도받아 옥살이를 할 수밖에 없게 된 사람과 다르지 않습니다.

발신 : 수감자 M. 로씨
수신 : 위원회

존경하는 소장님. 소장님께서 존경스러울 정도로 사려깊게 행동하셨음에도 불구하고 제가 기억상실증에 걸려 있다는 것과, 동시에 제가 형을 살게 된 이유를 알게 되었습니다. 따라서 저는 제게 주어진 형량을 끝까지 채우고 싶다는 말씀을 드리고 싶습니다. 제가 비록 예전의 제 범죄를 계속 기억하지 못하더라도 저의 판단은 이렇습니다. 제가 접하게 된 정보들만으로도 저에게는 명백히 죄가 있고, 그러므로 형을 살아야 할 이유가 충분하기 때문입니다. 사실 저는 기억이 한 개인의 정체성을 결정하는 유일한 기준이라고 생각하지 않으며, 한 개인이 그와 관련된 인식의 최종 판단자라고도 생각하지 않습니다. 의식과 책임에 대한 객관적인 상황들이 존재하고 그러한 상황은 이 주체의 힘에 따라, 혹은 그에게 기억이 주어짐에 따라 극복할 수 있는 것입니다.

발신 : 법무부

수감자 M. 로씨와 관련된 사면 요청 문제. 개인의 정체성 문제를 고려해 볼 때 정당성이 인정되므로, 판결은 일반적으로 행위가 있고 난 뒤 주체의 정신적 상황이 아니라 행위의 동시 상황에 의존해(예를 들면 이해 불능) 내려지게 된다는 주장이 타당하다. 또한 동일한 범죄 는 죄인이 기억을 상실한 상황에서는 개인적 정체성의 상황 자체가 불분명하기 때문에 죄인의 범죄 행위에 대한 기억과 연결되지 않을 때 그 판결의 가치는 상실된다는 주장 역시 타당하다. 정확한 참조 기준이 없으므로 법무부에서는 로씨의 경우에 대한 심의가 불가능 하다는 결론에 이르렀다. 따라서 개인의 정체성을 정의하는 데 중요 한 조건의 기준이 될 사항들에 대한 깊이 있는 연구가 요구된다.

뇌를 바꿔주시오

그 : (정문 앞에 서 있다) 머리가 깨질 것 같아. (흥분해서 간판을 읽는다) "줌 클리닉. 각종 장기 이식." '각종' 장기? 딱 나를 위한 곳이군. (들어가면서) 안녕하십니까?

남자 간호사 : 무엇을 도와드릴까요?

그 : 이곳이 이식수술을 하는 곳입니까?

남자 간호사 : 그렇습니다. 우리 클리닉의 전문 분야입니다.

그 : 각종 장기라고 했으니, 그럴 거라 생각했습니다.

남자 간호사 : 맞습니다. 저희는 신체 각 부위 이식에서 권위를 인정받은, 전세계 몇 안되는 센터 중 하나입니다. 200개 이상의 장기 이식을 합니다. 생명 유지에 필요한 기관과 부수적인 기관, 내장과 외부 기관 모두 말입니다. 선택만 하시면 됩니다. 여기 목록이 있습

니다.

그 : 뇌 이식도 합니까? 전 정말 제 뇌를 이식하고 싶습니다.

남자 간호사 : 물론입니다. 이 서류를 작성하세요. 생년월일 등등을 쓰시면 됩니다.

그 : (서류를 받아들고 작성하기 시작한다) 직업…… 주소…… 여기엔 뭐라고 써야 하지?

남자 간호사 : 제게 말씀하십시오. 도와드리겠습니다.

그 : '기증자'가 되고 싶은지 '수혜자'가 되고 싶은지 묻는데요.

남자 간호사 : 그렇습니다. 선택을 하셔야 합니다. 첫번째 경우에는 뇌를 원하는 사람이 선생님의 뇌를 마음대로 이용할 수 있습니다. 두 번째 경우에는 선생님께서 이용할 수 있는 뇌 중에서 마음대로 고르시는 겁니다.

그 : 글쎄, 어떻게 해야 할지…… 가격에 큰 차이가 있습니까?

남자 간호사 : 선생님께서 기증자가 되면 저희에게 백만 유로를 지불하셔야 합니다. 만약 수혜자가 된다면 저희가 선생님께 백만 유로를 드릴 겁니다.

그 : 이런! 난 항상 머리가 아프니 내 뇌를 이식하고 싶어요. 게다가 백만 유로는 그리 큰돈도 아니구요! 하지만 그래도 난 수혜자로 등록하겠습니다.

남자 간호사 : 좋습니다. 여기 서명하십시오.

참견쟁이 : (노크도 없이 옆방에서 들어온다) 잠깐만요.

남자 간호사 : 뭡니까? 당신은 누구십니까?

참견쟁이 : 잘 생각해 보시라고 권하고 싶습니다.

그 : 뭘요?

참견쟁이 : 사실은 기증자가 아니라 수혜자가 돈을 내야 한다는 것 말이지요. 대체 언제부터 무엇인가를 주는 사람이 돈을 지불하고 그것을 받는 사람이 돈을 받게 된 겁니까?

남자 간호사 : 글쎄요, 가끔 있는 일입니다. 예를 들면 오물세가 그렇습니다. 시민은 쓰레기를 버리려면 세금을 내야 합니다. 시당국은 쓰레기를 받아주기 때문에 그 세를 받게 됩니다.

그 : 바로 그겁니다. 그래서 전 돈을 받는 게 좋습니다. 내가 만약 돈을 내는 사람이라면 내 뇌를 쓰레기처럼 생각하면 되지 않겠습니까, 안 그래요?

참견쟁이 : 그렇게 위험한 비교를 하는 건 모험입니다. 어쨌든……. (전화벨이 울린다)

남자 간호사 : 줌 클리닉입니다, 안녕하십니까. 말씀하세요…… 뇌 이식이요? 기증하시겠다고요? 좋습니다. 비용은 벌써 준비하셨나요? 물론입니다. 바로 지금 뇌 이식을 받으실 분이 클리닉에 계십니다……. 그분 의향을 물어봐도 되겠습니까? 좋습니다. 감사합니다. 안녕히 계십시오. (전화를 끊는다)

그 : 제가 제대로 들은 것인지는 모르겠지만, 혹시 제게 기증해 줄 분이 있나요?

남자 간호사 : 그렇습니다. 선생님께서 동의하시면 내일 당장 할 수 있습니다. 선생님께서는 백만 유로와 완전히 새로운 뇌를 가지고

병원을 나서게 될 겁니다!

　　참견쟁이 : 저런, 생각해 보십시오. 완전히 새로운 뇌라는 게 무얼 의미할 것 같습니까?

　　그 : 완전히 새로운 간을 갖는 것과 마찬가지일 것 같은데요. 아니면 완전히 새로운 심장이나 완전히 새로운 왼팔 같은 것이겠지요.

　　남자 간호사 : 아니면 몸 전체가 완전히 새로워진 거나 같아요! 줌 클리닉은 모두 다 이식할 수 있으니까요!

　　참견쟁이 : 바로 그겁니다. 그런데 선생의 몸을 완전히 이식한다면 선생 것으로 남아 있는 건 뭐죠?

　　그 : 그렇지만 난 완전히 다 이식하고 싶은 생각은 없습니다. 그저 새로운 뇌를 이식받고 싶을 뿐이에요.

　　참견쟁이 : 문제는 바로 여기 있습니다. 뇌를 제외한 나머지 신체 부위 전체를 이식한다면 그건 다른 사람의 몸에 선생 뇌를 이식하는 것과 같지 않을까요?

　　그 : 사실 그렇겠죠.

　　참견쟁이 : 그러니까 선생은 뇌의 기증자나 마찬가지가 되는 거겠지요. 그러니까 우리 문제로 돌아와 보자면 선생에게 뇌를 기증하는 사람은 자동적으로 자기 마음대로 이용할 수 있는 몸을 받는 거나 마찬가지입니다. 그러니까 새로운 뇌를 받아들임으로써 선생은 바로 선생 몸 전체를 기증하는 것이나 마찬가지라는 겁니다.

　　그 : 예? 난 내 몸 전체를 기증하는 데 서명하지 않았는데요. 엄청나게 비쌀 테니까요!

남자 간호사 : 이런, 무슨 말씀들이신지! 여기 서명하시고 더 이상 다른 생각 마십시오.

참견쟁이 : 돈 문제는 생각하지 말아요! 뇌는 보통 기관이 아니오. 뇌는 바로 당신 자신인 겁니다. 그렇게 쉽게 없애버려서는 안돼요!

그 : 내가 내 뇌라구요? 유물론적 경향이 있는 철학자나 과학자들이 그렇게 주장하기는 하지만 난 거기에 동의하지 않습니다. 난 잘 모르겠는데 당신은 줌 클리닉에서……

남자 간호사 : 지금 우리 클리닉에서는 뇌의 일부분을 이식할 수도 있고 남아 있는 부분을 두 번째 수술 때 이식할 수도 있습니다. 우리는 대뇌 반구를 각기 다른 두 개의 기관으로 생각합니다. 이 목록을 보시면 우리가 대뇌 반구에 대해 오십만 유로씩 지불한 것을 보실 수 있을 겁니다. 그래서 뇌 전체를 이식하면 백만 유로가 되는 거지요.

그 : 그렇다면 그렇게 합시다!

참견쟁이 : 잘 생각하십시오. 만약 선생이 첫번째 반구를 이식하고 살아가게 된다면 당신의 개성은 다른 반쪽과 동일시된다는 뜻이 됩니다. 달리 말하자면 수술이 끝나면 당신이 아닌 '전혀 다른 사람'이 된다는 거지요. 그러니까 우린 다시 원점으로 돌아온 겁니다. 자기 뇌의 반을 다른 뇌로 바꾼다는 것은 자기 몸 전체를 기증하는 것과 똑같은 거지요.

남자 간호사 : 우리는 좌뇌와 우뇌 양쪽 모두를 부분적으로 이식한 경험이 있습니다. 선생님께 분명히 말씀드리지만 좌뇌나 우뇌를

이식받은 우리 환자들은 모두 완벽하게 살아가고 있습니다.

참견쟁이 : '살아가다'라는 말의 의미를 제대로 이해하고 있는지 약간 의심이 드는군요. 어쨌든 그 말 그대로라고 가정을 해봅시다. 그와 같은 경우, 추론을 해보자면 어떤 쪽 뇌가 먼저 이식되었느냐와는 상관없이 그 이식수술은 나머지 몸 전체를 기증하는 것과 같습니다.

그 : 그러니까 한 개의 뇌를 기증받는 것과 같은 기격으로 몸 전체를 두 번이나 기증하는 꼴이 되는 거군요. 생각조차 하기 싫소! (말을 중단) 그런데 각기 다른 기증자로부터 동시에 두 개의 대뇌 반구 이식을 받는다면요? 이럴 경우 두 기증자 모두 내 몸 전체를 받을 권리를 가질 수는 없을 테니까요. 그럼 나는 한 번의 수입만으로도 만족할 수 있을 겁니다!

남자 간호사 : 그렇습니다. 그것이 해결책인 것 같군요.

그 : 그럼 그렇게 매듭지읍시다. 어디에 서명해야 하나요?

참견쟁이 : 최악의 해결책인 것 같군요. 내 말 들어요. 뇌는 비록 그것을 나눌 수 있을지는 몰라도, 다른 기관들과는 달라요. 뇌는 바로 선생 자신입니다. 뇌를 바꾸는 대신 그걸 잘 사용하는 법을 배우도록 해요.

그 : 당신 아이스크림은 어때?

그녀 : 맛있어. 피스타치오와 딸기야. 당신 건 뭔데?

그 : 딸기와 피스타치오야.

그녀 : 그럼 똑같은 거 아냐?

그 : 거의 똑같지. 당신은 피스타치오와 딸기이고 난 딸기와 피스타치오야. 눈을 감아봐. 딸기 맛을 보여줄게.

그녀 : (눈을 감고 혀를 내밀어 맛을 본다) 이건 피스타치오잖아!

그 : 두 아이스크림이 서로 다르다고 말했잖아!

그녀 : 이런. 당신은 나보고 눈을 감으라고 해놓고 날 속였어. '딸기'라고 했는데 피스타치오였잖아.

그 : 절대 그렇지 않아. 봐, 녹색 부분을 맛보고 딸기 맛이 나는지

말해봐.

그녀 : 미안하지만 녹색은 피스타치오야!

그 : 모두들 그렇게 말하지. 그렇지만 내 미각은 녹색은 딸기 맛이고 빨간색은 피스타치오라고 말하고 있어. 하지만 당신은 빨간색은 딸기 맛이고 녹색은 피스타치오 맛이라고 알고 있지, 맞지?

그녀 : 혹시 당신 아이스크림에 다른 색소를 쓴 게 아닐까?

그 : 아니야. 당신하고 나하고 똑같은 아이스크림 집에서 샀잖아.

그녀 : (손에 들고 있던 아이스크림이 거의 떨어질 정도로 아이스크림 콘을 흔들며) 이해할 수 있게 설명 좀 해봐. 날 놀리고 있는 건 아니잖아. 당신은 진지하게 '녹색 아이스크림'이 당신에게는 딸기이고 내게는 피스타치오라고 했어.

그 : 거꾸로야. 당신에게 '빨간색 맛'은 딸기고 내게는 피스타치오지.

그녀 : 하지만 이건 이름의 문제가 아니잖아. 아마 내가 어렸을 때 '피스타치오 맛'이라고 배운 걸 당신은 '딸기 맛'이라고 부르도록 배운 것 같아. 그 반대도 되고.

그 : 우리 부모님이 아주 엄격하셨어야 하는데, 안 그래? 딸기와 피스타치오 문제로만 끝나지 않기 때문이기도 해.

그녀 : 그건 무슨 말이지?

그 : 당신이 레몬 맛이라고 알고 있는 그 노랗고 즙이 많은 레몬이 내게는 구스베리 맛이고, 당신이 구스베리라고 알고 있는 파란색의 작은 그 열매가 내게는 레몬 맛이 난다는 거지. (그래서 난 피스타치오

위에 구스베리 없는 걸 좋아해. 그렇게 하면 레몬 맛 나는 딸기를 먹는 기분이 들거든)

그녀 : (당황해 어쩔 줄 몰라하며) 내가 보기엔 당신이 뭔가 잘못 알고 있는 것 같은데…….

그 : 물론이지. 난 모든 맛을 잘못 알고 있는 걸.

그녀 : 아니, 내 말은 그게 아니야. 지금까지 우리 논쟁에 뭔가 잘못된 점이 있다는 거야. 당신은 당신 부모님들이 전혀 엄격하지 않으셨다고 말했지. 당신은 나와 마찬가지로 부모님에게 이탈리아어를 배웠지, 안 그래? 그러니까 당신 부모님은 당신한테 피스타치오 아이스크림을 주면서 '피스타치오 맛이 난다'고 하셨을 거야.

그 : 물론이야.

그녀 : 그리고 당신은 그 아이스크림을 먹었을 때 어떤 맛을 느꼈을 거야, 안 그래? 그리고 그 맛을 당신은 '피스타치오'라고 불렀어, 맞지?

그 : 맞아.

그녀 : 그런데 왜 지금은 그걸 '딸기'라고 부르는 거야?

그 : 그건 그 사이에 모든 게 다 바뀌었기 때문이야! 자라면서 내 미각이 완전히 뒤바뀌게 되었어! 딸기 맛은 피스타치오 맛이 나기 시작했고 레몬은 구스베리 맛이 났지. 갑자기 말이야. 심각할 건 전혀 없었어. 어떤 의미에서는 재미있기도 했어. 맛에 새롭게 접근하는 법을 실험했던 거야.

그녀 : 그렇지만 당신이 지금 하는 이야기가 거짓말이 아니라는

걸 내가 어떻게 믿지?

그 : (불쾌한 표정이 된다)

그녀 : 미안해. 화내지 마. 당신을 믿어. 의심 많은 사람 흉내를 내 본 것뿐이야.

그 : (여전히 기분 나쁜 듯) 그 말을 들으니 기분이 좋아지는군.

그녀 : 난 늘, 철학자들이 이런 문제를 말할 때, 발생 가능한 상황들을 상상하는 것일 뿐이라고 생각해 왔어. 그렇지 않다는 것을 알게 되어서 놀랐던 거야. 잠깐만, 그런데 당신 아직도 우울한 것 같아!

그 : 내가 정말 틀린 것일지도 모른다는 생각을 했어. 사실은 내 입맛이 뒤바뀐 게 아닐지도 몰라.

그녀 : 어떤 의미에서?

그 : 어쩌면 내가 아주 어렸을 때의 맛을 제대로 기억하지 못하는 것일 수도 있어. 어쩌면 내가 했던 이야기가 모두 기억의 착각일 수도 있어. 맛이 뒤바뀐 게 아니라 내 기억이 전도되어 버린 것일지도 몰라. 딸기 맛이 과거에는 지금과는 다른 맛을 가지고 있었던 기억이 나는 것 '같아.'

그녀 : 맛이 뒤바뀌어 버렸다고 당신이 말했을 때 난 그 말을 믿을 수 있었어. 다른 사람들의 기억에 대해 흔히 뒤따르는 의심을 당신에게서는 떨쳐버릴 수 있었지. 그런데 '당신이' 이제 당신 기억과 관련된 그 의심을 어떻게 극복할 수 있을지 모르겠다.

그 : 내 아이스크림 다 녹았어.

그녀 : 내 것도…… 별로 나쁘지 않은데? 두 가지 맛이 다 섞이니까 맛을 구별할 필요가 없잖아. 그러니까 적어도 이제 우리 두 사람의 아이스크림 맛이 똑같다고 믿을 수 있잖아.

만일 독자가 우연히 주관적이고 내면적인 삶을 소유하지 못한 사람과 함께 여행을 하게 되었을 경우, 그 사람을 존재하지 않는 사람으로 계속 대할 수 있다는 사실을 안다는 것은 유용한 일일 것이다. 그리고 만약 이로 인해 독자가 페르소나(이성적인 본성을 지닌 개별적인 존재—옮긴이)에 대해 다시 생각해 보게 된다면 우리는 당연히 환영한다.

뿐만 아니라 우리가 기억상실증에 걸린 죄수에 대한 서신들을 공개한 것은 상황을 좀더 과장되게 만들기 위해서였다. 이 이야기에서 과거를 가지고 있는 것과 그것을 인식하는 것 사이의 관념적 긴장은, 페르소나 개념에서 너무나 중요해 보이는 책임 문제를 논할 때 우리를 정말 극적인 딜레마에 빠뜨리고 만다. 이와는 반대로 우리는 줌 클리닉에서 알 수 있듯, 뇌 없이 살아가면서 이 페르소나 개념을 정의하려고 애쓰는 사람에게 관대할 수 없다. 과격한 참견쟁이의 비난은 우리가 보기에 너무나 정당하다.

우리는 애석상(賞)처럼 주어진, 녹아버린 아이스크림에 만족하지만 주관성에 대한 자신의 직관을 증명하기 위해 순전히 주관적인 내적 기준을 고집스럽게 찾는 사람을 용인해 줄 수밖에 없다. 이것은 다음 논쟁의 서언이라고도 할 수 있다.

논쟁3 라운드

거꾸로 시 사람들의 로또복권
행운의 로또 숫자는?
질서 강박관념

우연이 일상생활 속으로 파고들어와, 일상에 질서를 부여하려는 우리 등장인물들의 모든 시도를 뒤흔들어 놓는다. 또 우연은, 그들 자신에 대해 그리고 역사에 대해 현명한 이미지를 만들어낸 등장인물들의 주의를 빼앗는다.

거꾸로시 사람들의 로또복권

그 : (버스에서 내려 바로 향한다. 바에서 만족스런 표정의 부인이 나온다. 남자가 부인에게 묻는다) 실례지만 여기가 로또 판매소 맞습니까?

부인 : 맞아요.

그 : 그러면 시간 낭비는 하지 않겠군요. 전 정말 로또 사는 걸 좋아한답니다. 행운을 점쳐 보는 걸 굉장히 좋아하지요. 부인도 그 기분을 아실 것 같은데…….

부인 : 저도 로또게임을 하지만 그건 무엇보다 필요성 때문이에요. 예를 들면 지금 같은 경우지요. 난 우표를 사야 하기 때문에 3유로가 필요해요.

그 : 제 생각에는 부인께서 행운의 당첨자가 되신다면(제가 이해한 대로라면) 3유로 이상이 부인 주머니에 들어가게 될 거고 부인은 매

우 기쁘시겠지요.

부인 : 당첨된다구요? 무슨 뜻인가요? 전 돈을 잃지 않아서 기쁜 걸요.

그 : 잃다뇨? 무슨 뜻인가요? 어떻게 로또에서 돈을 잃을 수가 있습니까?

부인 : 우리 도시에선 복권이 흰 바탕에 검은색 글씨예요. 그런데 당신 주머니에서 삐져나온 복권을 보니 검은 바탕에 흰색이군요. 당신은 '똑바로' 시에서 오신 것 같은데요. 그 도시에서는 로또게임을 하려면 로또복권을 사야 하고 가끔씩 당첨자가 나오지요. 하지만 이곳 '거꾸로' 시에서는 복권을 사면 국가로부터 돈을 받고 가끔씩 돈을 잃게 돼요.

그 : 정말 이상하군요. 이런 식으로 복권 게임을 하는 방법이 있다는 건 몰랐습니다. 어떻게 하는 거지요?

부인 : 아주 간단해요. 로또 판매소에 가서 즉석복권을 사면 돼요. 복권과 1유로를 받으실 거예요. 당신이 복권을 긁으면 돈을 잃었는지 아닌지 알 수 있어요.

그 : 만약 돈을 잃었으면요?

부인 : 당연히 돈을 내야지요.

그 : 얼마나요?

부인 : 복권에 적힌 액수에 따라서요.

그 : 그럼 큰 액수가 적혀 있으면 그만큼 많이 잃게 되는 겁니까?

부인 : 많이 적혀 있으면 많이 잃는 거지요, 물론. 최대 백만 유로

라고 알고 있어요.

그 : 백만 유로요? 미쳤군요! 어떻게 겨우 1유로를 손에 넣기 위해 궁지에 빠지는 모험을 할 수 있다는 겁니까?

부인 : 전 하나도 이상하지 않은 걸요. 여기서는 그렇게 로또게임을 해요.

참견쟁이 : (바의 판매대 뒤에서) 위험 요소가 개입되는 상황은 보르헤스의 『바빌로니아의 복권』에 영향을 준 테마지요. 그 동화 같은 도시의 주민들은 행운이나 불운의 방패 밑에 자신의 존재를 맡기고 있어요. 그것이 인생을 맛보는 하나의 방법이었어요.

그 : 인생을 맛본다구요? 제가 보기에는 우표 몇 장 살 돈을 얻으려고 전부를 다 잃을 수도 있는 위험을 감수하는 끔찍한 일인 것 같군요.

참견쟁이 : (거만한 태도로) 사람들은 당첨이 되려고 게임을 합니다. 그렇지만 승리에 위험 요소가 가미되어 있을 때 훨씬 더 즐거울 수 있는 거지요. 진정으로 게임을 즐기는 사람은 자신이 손에 넣을 목표물을 응시하며 '나는 도전했다!'라는 울리히 폰 후텐(독일의 인문주의자, 풍자시인. 루터의 종교개혁을 지지하여 교황을 맹렬히 공격했다 – 옮긴이)의 좌우명을 말할 수 있는 사람입니다.

그 : 그럴 수 있지요. 그렇지만 제가 보기에는 그저 미친 짓으로만 보입니다. 정말 러시안 룰렛게임(6연발 리볼버 권총에 한 발만 장전해서 몇 사람이 차례로 자기 머리에 총구를 대고 방아쇠를 당기는 내기 – 옮긴이) 같아요.

부인 : 보세요. 우리 거꾸로 시 사람들은 정반대로 생각하고 있어요. (분명 그래요) 우리가 보기에는 '당신네' 게임이 미친 짓 같아요.

그 : 실례지만 어떤 의미에서 말입니까?

부인 : 사실 우리 도시에서는 불운하게도 복권에 걸려 돈을, 그것도 상당한 액수의 돈을 잃을 수 있는 사람은 극소수이지만 돈을 잃지 않을 가능성이 있는 사람은 어마어마하게 많지요. 잃지 않을 뿐만 아니라 1유로를 얻게 되는 거지요. 아시겠어요? 전 수표를 살 돈 3유로가 필요하기 때문에 복권 석 장을 샀어요. 내 예상대로 복권에는 "1유로도 잃지 않았습니다!"라고 적혀 있었지요.

그 : 하지만 우리 도시에서는······.

부인 : 사실 당신네 도시에서는 극소수의 사람이 행운을 만나 상당한 액수의 돈을 손에 넣지만 대다수의 사람은 단 한푼도 얻지 못하지요. 뿐만 아니라 1유로를 낭비하는 거지요. 당신네 복권을 좀 보여주세요. ······맞잖아요. "다음 기회에 행운을 잡으십시오." 제가 말한 대로지요? 당신네 도시에서는 매일 수천 명의 사람들이 행운에 도전하는 재미를 위해 두당 1유로를 허비하는 거예요. 제가 보기엔 좀 어리석은 것 같은데, 안 그래요?

그 : 하지만······ 하지만······ 이따금 누군가 당첨이 되지 않습니까! 그 이유 때문에 똑바로 시 사람들이 복권을 사는 겁니다. 큰 희망이 있으니까요.

부인 : 희망이라구요? 당신 말을 잘 이해할 수가 없군요. 당첨될 가능성은 매우 희박해서 1유로를 그냥 허비해 버리고 말 확률이 수

학적으로 거의 확실하다는 걸 당신도 너무나 잘 아실 겁니다. 그렇게 별 이익이 되지 않는 게임에 어떻게 끌려들어갈 수 있지요?

그 : 희망은 살아가기 위한 최후의 힘입니다.

부인 : 바보 같은 소리예요. 합리적이지 않은 행동을 변명하기 위해서 그런 말을 하는 것일 뿐이에요. 반대로 우리 경우를 보세요. 우리는 돈을 잃을 가능성은 거의 없고 돈을 딸 수 있는 수학적 확률은 아주 높아요. 이게 로또게임을 하는 좋은 동기가 되어주는 거지요. 아무튼 당신에게 커피를 사드리고 싶네요. 이리 오세요.

그 : 폐를 끼치고 싶지 않은데요.

부인 : 폐는 무슨 폐예요. 즉석복권 두 장만 사면 되는 걸요. 자, 여기 있어요. 보시다시피 우린 2유로를 받게 되었어요. 지금 복권을 긁어보죠. 당연히…… 한푼도 잃지 않았어요.

그 : 기분이 좋아지는데요.

부인 : 보셨죠? 여기 거꾸로 시에서는 모두 행복하답니다.

그 : 연속해서 실패할 확률은 거의 없는 것 같군요. 불운한 사람이 있다면 그 사람은 당장 즉석복권 한 뭉치를 사서 긁으면 재기할 수 있겠는데요.

부인 : 이제 의견 일치가 된 것 같군요. 제 말을 잘 들으세요. 당첨되지 않을 게 거의 확실한 상황에서 1유로를 낭비하는 것과 돈을 잃을 확률이 거의 없는 상황에서 1유로를 버는 것은 비교도 할 수 없는 거랍니다.

행운의
로또 숫자는?

그 : 바로 그 순간 내가 타고 있던 자동차에 번개가 쳤어. 정신을 차려 보니 난 상처 하나 입지 않은 채 풀밭 한가운데에 알몸으로 누워 있었어.

그녀 : 무사했다니 천만다행이구나!

그 : 로또를 사야지! '벼락에 맞은 사람'을 위한 숫자라도 있다면.

그녀 : 혹시 소위 말하는 운명의 징조 같은 걸 믿는 건 아니겠지?

그 : 그건 아니지만…….

외판원 : (격식을 차리지 않은 채 끼어들면서) 왜 아니라는 겁니까? 보세요. 오늘날 로또게임은 과학이 되었어요. 그렇기 때문에 미신을 위한 자리 같은 건 없습니다.

그와 그녀 : 뭐라구요?

외판원 : 이건 제가 아주 중요하게 생각하는 문제입니다. 로또는 통계적인 게임입니다. 각각의 숫자가 나올 가능성이 모두 있는 건 사실이지만 우리는 하나의 숫자가 자신의 모습을 드러내기 위해 그리 오랜 시간을 기다리지 않을 수도 있다는 것을 알고 있습니다. 사람들이 그 숫자를 기다리면 기다릴수록 숫자가 나올 확률은 높아집니다. 우리 회사에서는 회전식 추첨기에서 모든 숫자들이 늦게 나올 수 있게 신경을 쓴 프로그램을 방금 완성했습니다. 이 프로그램은 분명 성공할 겁니다. 이건 미신이 아니라 수학입니다. 추첨할 때마다 자료를 업데이트 했습니다. 회전식 추첨기 위의 27번을 눈여겨봐 주십시오.

그 : 잠깐만요, 당신의 주장에 모순이 있는 것 같은데요. 각각의 숫자가 어떤 게임에서든 모두 나올 가능성을 똑같이 가지고 있다면 어떻게 하나의 어떤 숫자가 다른 숫자보다 더 가능성이 있다고 말할 수 있는 건가요?

외판원 : 그 숫자가 지연되었기 때문이지요! 그 이전에 이미 너무 여러 번 줄을 섰기 때문에 나오지 않았던 겁니다.

그녀 : 그래요. 그렇지만 어떤 식으로 이 숫자가 현재의 게임에 영향을 주는 건가요? 수판은 이전의 추첨을 '볼' 수 없어요. 속임수가 아니라면…….

외판원 : 이건 절대 속임수가 아닙니다. 순수한 수학이에요. 숫자가 너무 늦었기 때문에 나오지 않을 가능성이 있는 겁니다. 그렇지 않다면 그 숫자는 특권을 얻은 숫자일 겁니다. 안 그래요?

그녀 : 모든 게 당신이 말하는 소위 '지연'이라는 것에 달린 거군요.

외판원 : 무슨 뜻입니까? 저는 그저 앞서 나온 일련의 숫자들 속에서 지연된 숫자들을 확인한 것뿐입니다.

그녀 : 문제는 앞서 나온 일련의 숫자들을 정의하는 방법이에요. 예를 들어 당신이 2주마다 복권을 사서 숫자를 약간 다르게 선택한다면 지연된 숫자들은 매우 다를 거예요. 뿐만 아니라 당신 프로그램 덕택에 제 노트북으로도 직접 볼 수 있어요. 자⋯⋯ 보셨지요? 지금은 '지연'된 숫자가 27이 아니라 59에요. 우리가 3주마다 게임을 하게 된다면 지연된 건 6이라는 걸 알게 돼요! 그리고 만약⋯⋯.

외판원 : 대체 무엇 때문에 2~3주에 한 번씩 게임을 선택하는 겁니까? 이전에 추첨된 것을 모두 살펴보기만 하면 되는 겁니다.

그녀 : 사실 다른 숫자 배열이 아닌 바로 이 배열을 택할 이유는 전혀 없어요. 한 게임에서 다른 게임들이 어떻게 되었는지 전혀 알 수 없으니까요. 로또는 맹목적이에요. 이전의 게임은 전혀 중요하지 않아요.

외판원 : 어떻게 맹목적이라고 말할 수 있습니까? 우리가 동전을 던져 게임을 하는데 얼굴 면이 연속 세 번 나왔다면 내가 십자가 면을 기대해서는 안된다는 뜻입니까?

그녀 : 바로 그거예요. 당신이 원하는 쪽을 결정하세요. 십자가 나올 확률은 항상 50%에요. (게다가 동전에 속임수가 있다고 생각할 수 있어요. 하지만 그럴 경우에 십자가가 아니라 얼굴에 걸고 게임을 계속하는 편이 더 나을 거예요!)

외판원 : 십자가가 끔찍하게 늦게 나오는군요.

그녀 : 수열에 대해 아신다면 이런 식으로 한번 생각해 보세요. 얼굴 – 얼굴 – 얼굴 – 얼굴 배열이 될 확률과 얼굴 – 얼굴 – 얼굴 – 십자가가 될 확률은 같지요. 50퍼센트에요.

그 : 그런데 당신 말이 맞다고 해도 내가 한 번 번개를 맞았다고 해서 그후로 번개에 맞지 않을 거라고 말할 수는 없는 거야. 다만 두 번씩이나 번개에 맞는 사람은 거의 없다고 할 수 있지. 난 이미 번개에 맞았기 때문에 안전하다고 느끼는 거야.

외판원 : 말씀 잘 하셨습니다.

그녀 : 당신을 실망시켜서 미안한데 피뢰침을 사두라고 권하고 싶어. 다음번 번개가 칠 때 안전하다고 느낄 수 있을 테니까. 하지만 우리 세 사람 중에 번개에 두 번 맞을 가능성이 있는 사람을 알아맞히는 내기를 한다면 난 바로 당신에게 걸 거야.

그 : 왜?

그녀 : 당신은 한 번만 더 번개를 맞으면 두 번이지만 나와 여기 있는 이 신사분(내 생각에는)은 앞으로 두 번을 맞아야 하니까!

그 : 그렇다면 결론적으로 당신은 로또에 당첨되려면 어떤 방법을 사용하는 게 제일 좋다고 생각해?

외판원 : 그래요. 당신 생각은 어떻습니까?

그녀 : 당첨되는 데 가장 좋은 방법은 없지만 돈을 날리지 않을 100% 확실한 방법이 있어요. 로또를 하지 않으면 돼.

질서
강박관념

그녀 : 1은 얼굴, 0은 십자가라고 하자. 동전을 네 번 연속해서 던졌다고 가정하는 거야. 1111, 다시 말해 얼굴 – 얼굴 – 얼굴 – 얼굴이 나올 수 있겠지.

그 : 하지만 이상한 것 같아. 결과가 너무 규칙적이잖아. 그럴 수 없어.

그녀 : 0000, 십자가 – 십자가 – 십자가 – 십자가와 비교해도 별 차이 없어.

그 : 그렇지, 똑같이 불가능한 배열이야.

그녀 : 그럼 0011을 택해.

그 : 이것도 너무 정리된 배열이야. (1100도 마찬가지고) 0은 모두 한 쪽으로 가 있고 1은 모두 다른 쪽으로 가 있으니.

그녀 : 0110은 어때?

그 : 이것도 마찬가지로 너무 질서정연하지. (그와 한 짝 같은 1001도 마찬가지고) 1과 0 사이에 완벽한 '대칭'이 이뤄지잖아.

그녀 : 그럼 어디 보자. 1010은?

그 : 처음으로 돌아왔어. 1과 0이 완벽하게 '교대로' 배치됐어. (0101도 마찬가지야)

그녀 : 그럼 어떤 제안을 해야 하지? 예를 들면 1000이 있네.

그 : 지금 우린 시간 낭비를 하고 있어. 1000은 그 사촌인 0111, 1110, 그리고 0001처럼 단순하고 질서정연한 배열이야. 안 그래? 규칙은 이래. 세 번 반복되는 숫자와 다른 숫자 하나의 결합이지.

그녀 : 1011, 1101, 0100, 0010에서도 어떤 유사성이 있다고 말할 수 있어?

그 : 물론이야. 종류가 다른 한 개의 숫자가 홀로 다른 숫자들에 섞여 있잖아. 그래서 더 질서가 있지.

그녀 : 당신은 1111 같은 배열은 너무 규칙적이기 때문에 있을 수 없는 배열이라고 말하면서 논쟁을 시작했어. 그런데 지금은 내가 제시하는 배열이 전부 너무 질서정연하다고 말하고 있어. 모든 배열이 어떤 규칙을 따르고 있어서 그 어떤 배열도 우연히 배열된 것으로 볼 수 없다고 말이야. 그러니까 당신 말은 이 모든 게 나올 확률이 전혀 없는 배열이라는 거야. 그렇지만 여기서 다시 당신은 문제에 봉착하게 돼.

그 : 어떤?

그녀 : 내가 당신에게 제시하고 우리가 함께 토론했던 배열은, 동전 하나를 연속으로 네 번 던진 결과로 나오는 16개의 배열이 전부야. 다른 배열은 없어.

그 : 이건 내가 만일 연속으로 동전을 네 번 던진다면 필연적으로 16개의 배열 중 하나를 얻게 될 거라는 뜻인가?

그녀 : 맞아. 그러니까 요점은 바로 여기 있어. 동전에 속임수가 있는 게 아니라면 동전을 던진 결과는 분명 우연에 의해 생기는 거야. 그러니까 우리가 토론했던 모든 배열은 우연에 의해 생기는 거지. 하지만 당신은 모두 몇 가지 유형의 질서에 따라 이뤄진 거라고 생각하고 있어. 그리고 질서는 우연을 배제해.

그 : 누구든 질서에 대해서는 내 의견에 동의할 거야. 이 각각의 배열들이 따르고 있는 규칙들을 한번 보기만 하면 될 테니까. 대칭과 반복들도……

그녀 : 하지만 만약 배열이 '우연'에 의해 만들어졌다면, 그것이 어떻게 '규칙'에 복종을 할 수 있지? 아니, 당신이 내게 말한 '규칙'들은 환영일 뿐이야. 질서는 실제 배열 속에 있는 게 아니라 모두 우리 머리 속에 있어. 규칙들은 당신의 능력을 증명해 줄 뿐이야. 당신은 사방에서 구조를 발견할 줄 아는 능력이 있어. 당신은 계속 주의를 하고 대칭과 배열, 반복, 숫자를 연구하고 있어. 원한다면 틀림없이 이런 것을 발견하게 될 거야.

그 : 맞아. 질서가 나중에 부여되는 것이라고 가정해 보자고. 난 모든 배열은 똑같이 질서정연하고 그렇기 때문에 똑같은 결과를 가

져올 가능성이 있다고도 말할 수 있어. 어쨌든 당신의 반박은 네 번 동전을 던져 나온 배열에는 적용이 돼. 그런데 당신이 여섯 번 동전을 던졌을 때의 배열에 대해 물었다면, 010110이 000000이나 000111보다 무질서하다는 생각에 동의했을 거야.

그 : 당신이 이렇게 빨리 질서에 대한 연구를 포기하는 게 놀라운데. 당신은 마치 비트겐슈타인처럼 생각하는 것 같았어. 아무 배열이나 내게 말해 봐. 그러면 내가 그 배열이 어떤 유형의 규칙을 따르고 있는지 찾아낼 수 있을 거야(아마도 나중에 규칙이 이상해 보이겠지만 어쨌든 규칙은 규칙이니까). 그렇지만 무질서 현상이 배열이 길어짐으로써 더 과장되어 간다는 당신의 의견은 수긍할 수 있어. 심리학 연구들이 증명해 주는 대로 사실 우린 000111보다 010110이 더 개연성 있는 배열이라고 생각하는 경향이 있어. 그리고 심리학 연구들은 또 010110이 우리가 무질서한 배열로 만들어내는 이미지에 훨씬 더 가깝다는 점도 알려주고 있지. (그리고 다시, 이건 착각이야. 010110은 000111과 똑같은 개연성을 가지고 있으니까)

그 : 그런데 무슨 이유로 우리가 그렇게 질서에 대한 강박관념에 사로잡혀 있어야 하는 거야?

그녀 : 그게 바로 자료들을 단순화시켜 줄 수 있는 방법이니까. 그리고 대부분의 경우 이런 단순화를 통해 매순간 우리에게 유입되는 거대한 정보들을 통제할 수 있게 되니까. 다른 한편으로 우리는 질서를 찾는 메커니즘이, 말하자면 항상 가동되고 있다는 사실을 의식하고 있어야만 해. 찾아야 할 질서가 전혀 없을 때에도 말이야. 첼레

스티노나 노스트라다무스의 예언이 어떤 역할을 하는지 생각해 봐. 뒤늦게 깨닫게 되는 격이지만 '너무나 훌륭하게' 잘 맞았어. 이것은 누군가 소위 말하는 예언들을 유용하게 이용할 수 있게 선택했다는 것을 의미해. 로또 숫자의 지연에 대한, 강박관념에 사로잡힌 연구를 생각해 봐. (우리가 이미 보았듯이, 완전히 쓸모없는 연구였지) 우리가 우리의 삶을 글로 옮길 때, 우리를 기분좋게 해준 우아한 이미지의 사건은 부각시키고, 우리를 부끄럽게 했던 사건은 빠뜨린다는 점을 생각해 봐. 역사는 되풀이된다는 사고를 생각해 봐. 그런데 이건 역사에서 가장 많이 되풀이되는 생각 중 하나지.이 모든 경우에 우리는 그 사건들에 하나의 질서를 부여할 수 있어. 하지만 우리는 그 사건들이 우연에 의해 크게 지배된다는 점을 간과할 수 없지. 내 말을 믿어. 현실, 삶과 역사는 그들의 섬세한 결속을 통해 우리에게 보여지는 이미지들보다 훨씬 더, 한없이 복잡한 거야.

이미 문명화되고 숫자화된 세상에서 많은 사람들이 로또게임을 하고 과거의 사람들이 미래에 분명히 증명될 것이라고 말했던 사건의 존재하지 않는 흔적을 과거에서 찾으려고 애쓰는 것은 이 세계가 아직 문명화되지 않았다는 것을 증명한다.

그래서 우리는 삶의 의미에 대한 의문 같은 이상한 의문들이 계속 탁월한 철학적 의문으로 여겨지고 그런 의문이 유명 학자들의 의미 없는 철학 서적들을 다시 가득 채울까 두렵다. 우리로서는 그와 같은 의문의 의미조차 이해할 수가 없다. 이미 모두가 87이라고, 혹은 경우에 따라서는 23이라는 정답을 알고 있는데 세계의 숫자가 무엇이냐고 다시 물어보는 것과 비슷한 문제이다.

논쟁 4 라운드

늦게 도착한 시간
새해맞이 축배
출생지 증명서
인공 사계절 섬
이곳이 북극이었습니다
사자가 우리 밖에 있다
까꿀바 만우좌 왜 은울거(거울은 왜 좌우만 바꿀까)

우리는 제국의 경계에서 외로이 사는 종지기의 예리함에 놀라게 된다. 그리고 계속되는 놀라운 이국적 여행 속에서 시간과 공간이 교차하는 것을 볼 수 있다. 한편 우리는 사자들이 사물의 상대성에 대해 매우 진보된 의식을 가지고 있다는 것을 알게 된다. 그리고 거울이 왜 위아래가 아니라 오른쪽 왼쪽이 반대로 보이는지를 자문해 보게 된다.

늦게 도착한 시간

발신 : 2353번 종지기, 발레 피날레 교구
수신 : 수도의 시간 측정 기관

형제 여러분들

제 편지를 성가시게 여기시지 않았으면 합니다. 저는 제가 제국에서 가장 보잘것없으며, 수도에서 가장 멀리 떨어진 발레 피날레(마지막 계곡이라는 뜻 – 옮긴이)에 살고 있는 마지막 종지기임을 잘 알고 있습니다. 사실 바로 이 때문에 제가 용기를 내어 여러분들에게 편지를 드리게 되었습니다.

귀 기관에서 배포한 『제국에 시보(時報)를 알리기 위한 새로운 방법에 대하여』라는 제목의 소책자가 지난 5월 20일 급행 역마차로 제게 배달되었고 저는 그 책자를 모두 읽었습니다. 책자의 정확성과, 분명하고 명료한 규율이 필요하다는 주장을 높이 평가합니다. 그와 같은 주장은 우리가 사는 이 시대가 어둡고 불확실하기 때문에 더욱 중요해졌습니다. 하지만 저는 그 방법이 — 비록 아주 쉽게 적용할 수는 있겠지만 — 어둠과 불확실성을 감소시키기보다는 오히려 더 확대시킬 것 같다는 인상을 받았습니다.

실제로 그 책에서는 현재 시보를 알려주는 유일한 기관은 수도의 관측소이며 매시간마다 관측소의 탑에서 종을 울린다고 말하고 있습니다. 뿐만 아니라 수도의 성벽에 있는 탑에서 그 신호를 받아 다시 종을 울리게 되고 그 다음에는 수도 근교의 탑에서 다시 그 소리를 받아 시간을 알리고 교구와 교구로, 가까운 도시로, 마치 잔잔한 호수에 돌을 던졌을 때 물 위에 원이 퍼져나가듯 그 소리도 퍼지게 된다고 말하고 있습니다. 제국의 마지막 탑에 도착해서 외딴 계곡에, 그러니까 계곡 주민들에게 시간을 — 문명의 신호인 — 알려주기까지 말입니다. 그리고 이 책은 종지기들에게 종을 치기 전에 앞서 들려오는 종소리를 다 들어야 한다고 엄명을 내리며 글을 마치고 있습니다.

제 당혹스러움은 이런 방법을 사용함으로써 이것이 시보의 성질에 영향을 미쳐 예기치 않은 결과를 가져올 수 있다는 데 있습니다. 저는 감히 시간과 공간은, 책자를 편집한 훌륭하신 분이 생각하는 것보다 훨씬 더 서로 단단하게 묶여 있다고 말씀드리고 싶습니다. 이것이 이단적인 가정이 되지 않기를 바랍니다. 어떤 일이 벌어지게

될지 상상해 보시기 바랍니다.

시보는 수도에서 시작을 합니다. 관측소의 종지기가 여섯시를 알립니다. 수도 성벽의 종탑에 있는 종지기가 그 종소리를 듣고 여섯 번째 종이 울리기를 기다렸다가 이번에는 자기가 종을 치기 시작합니다. 그런 식으로 계속 진행이 되는 거지요. 여섯 번의 종소리가 멀리 퍼져나갑니다. 종지기들은 규정에 따라 앞에서 들려오는 종소리가 다 끝나고 난 뒤에야 종을 칠 수 있습니다. 다시 말씀드리지만 공간은 시간입니다. 발레 피날레는 수도에서 천이백 번째 지역입니다. 여섯 번의 종소리가 우리 계곡에 도착하면 거의 일곱시가 다 된다는 사실이 단순한 계산만으로도 증명됩니다. 우리 마을 사람들은 영원히 오류 속에 살아야 하는 걸까요?

저는 이런 진행의 역설적인 성질을 시사해 주는 제 생각을 한 가지 덧붙이고자 합니다. 자정에는 종을 열두 번 치게 됩니다. 한시에는 단 한 번만 종을 치게 됩니다. 그러니까 자정의 시보가 아주 천천히, 한시 시보보다 더 느리게 퍼져나가게 되는 겁니다. 자정의 경우 종지기들은 시보 종소리를 다 듣고 나서야 종을 치게 되고 두 번째 경우는 거의 기다릴 것도 없이 종을 치게 되기 때문입니다. 제가 계산을 해봤는데, 열두 번의 종을 치는 순간이 되기 전에 한 번의 종을 쳐야만 합니다. 공간이 시간일 뿐만 아니라 이 경우 공간은 시간을 단축시키는 것처럼 보이기도 합니다. 우리 계곡에 사는 사람들은 그러니까 저절로 단축되었다가 밤마다 다시 제 길이로 돌아가는 시간에 맞춰 살아야 합니까, 점점 더 길어지다가 길이가 짧은 한 시간으로 보충이 되는 그런 시간들에 맞춰야 하는 겁니까?

이런 비천한 종지기의 생각에 관심을 기울여 주셔서 감사합니다.

추신 : 혹시 변두리 교구에 빈자리가 생긴다면 제 이름을 염두에 둬 주실 수 있으시겠습니까? 여기 발레 피날레에서의 생활은 아주 가혹합니다. 그리고 저는 이 산 속에서 이미 수십 년을 보냈습니다.

발신 : 시간 측정 기관의 사무소
수신 : 발레 피날레 교구의 2353번 종지기

형제,

우리는 6월 21일에 보낸 형제의 편지를 주의깊게 검토했습니다. 형제의 염려는 정당합니다. 하지만 이 기관에 영감을 주었던 원리들에 대한 이해 부족을 드러내기도 했습니다. 그리고 그와 같은 염려는 이단적이라는 것이 드러났습니다. 제국 전 교구에 유효한 시간을 결정하는 것이 우리 기관이 맡은 임무입니다. 그와 같은 시간과 시간의 측정은 기관의 문서에서 직접 유래한 겁니다. 그리고 그와 같은 문서에 의해 정의되었습니다.

첫째, 여섯시 종소리가 형제의 계곡에는 일곱시에 도착한다는 형제의 주장은 받아들여지지 않았습니다. 시간은 관측소에 연결된 종소리에 의해 측정되는 것입니다. 시보와 그것이 전파하는 시간 이외의 시간은 존재하지 않습니다. 그러니까 형제가 종을 여섯 번 치면 그때야 비로소 발레 피날레 계곡의 교구에 여섯시가 되는 것입니다. 형제의 '계산'은 기관의 명령에 개인적인 야망을 중첩시켰기 때문에 전후 관계상 받아들여지지 않았습니다.

두번째는 한시 종소리가 열두시 종소리를 추월한다는, 소위 시보의 역설에 대한 형제의 추론은 잘못된 것입니다.

형제의 나이와 잘 알려진 발레 피날레 교구의 힘겨운 생활을 고려해서 우리 기관은 형제를 수도와 가까운 곳으로 전근시킬 준비가 되어 있고 수도에 공석이 생기면 그 자리를 내줄 수도 있습니다. 그러나 먼저 형제가 우리 기관이 강조한 방법 때문에 열두시 종을 치기전에 한시 종을 쳐야 한다는 추론에서 비롯된 형제의 주장이 실수였다는 사실을 인정해야만 합니다.

새해맞이
축배

(스튜어디스의 목소리) 안전벨트를 매주십시오.

승객 : 안녕하십니까, 실례합니다. 제자리로 들어가게 조금만 비켜주십시오. 저는 항상 창가 쪽을 선택한답니다. 위에서 구름을 내려다보기 위해서지요.

그녀 : 맞아요. 특히 새벽에는 정말 장관이지요. 그렇지만 저는 비행기 여행을 자주 하거든요. 그래서 구름을 보는 것보다는 방해받지 않고 자주 자리에서 일어날 수 있는 바깥쪽 좌석이 더 편하고 좋답니다. 그리고 솔직히 오늘밤에는 정말 여행을 하고 싶지 않았어요.

승객 : 대체 왜요? 12월 그믐날 여행하는 건 특별한 일인 것 같은데요. 그리고 편하기도 하지요. 비행기 값도 싸고 공항에 사람도 별로 많지 않고요.

그녀 : 공항에 도착하기까지가…… 타임스 광장에 몰려드는 자동차들 때문에 맨해튼에서 빠져나오는 데 한 시간도 더 걸렸어요. 어쨌든 비행기 의자에 앉아 새해를 맞는다는 생각을 해도 즐겁다고 말씀하시지는 못할 것 같은데요. 당신도 아마 피할 수만 있다면 생각도 해보지 않고 피했을 거예요.

승객 : 천만에요, 저는 즐거운 걸요! 편리한 것말고도 비행을 하며 축배를 들 수 있는 정말 특별한 기회라는 생각이 들어요. 제가 샴페인도 한잔 준비했습니다(물론 혹시 비행사에서 미처 거기까지 생각을 못 했을 경우를 대비한 거지요). 이걸 좀 보십시오. 아직 차갑지는 않지만 예의를 차리지 않으셨으면 좋겠습니다.

그녀 : 감사합니다. 굉장히 친절하시군요.

승객 : 무엇보다 반복해서 축배를 들 수 있다는 게 매력적입니다. 표준시간대를 모두 지나면서 맘껏 취할 수 있습니다.

그녀 : 실례지만 그렇다면 선생님은 비행기를 잘못 타신 것 같아요. 계속 축배 드는 것을 좋아하는 사람들은 동쪽에서 서쪽으로 가야 해요. 그렇게 하면 자정이 되었을 때 축배를 들고 몇십 분이 지난 뒤에 다시 11시 시간대에 들어가는 거지요. 그러면 12시가 되기를 기다렸다가 다시 축배를 드는 거예요. 그리고 잠시 후 다시 시간대가 11시인 지역으로 들어가 또 축배를 들지요. 새로운 밀레니엄을 맞아 파리 – 뉴욕 간 비행기 좌석이 아주 좋은 가격으로 팔린 것 같아요. 그렇지만 우리는 반대 방향인 서쪽에서 동쪽으로 비행을 하고 있잖아요. 뉴욕에서 18시에 출발해서 몇 분 후면 이미 19시가 될 거

고, 곧 20시가 되고······ 아침 8시까지 그렇게 비행을 할 거예요(비행기는 거의 정각에 도착하니까요). 계속 축배를 들 수 있는 건 다른 비행기예요. 1시에 여전히 거품이 가득 찬 샴페인 잔을 들고 있지 않으려면 빨리 서둘러야 할 거예요.

승객 : 이런, 당신 말이 맞군요. 표준시간대와 관련된 문제에서는 전 항상 같은 실수를 한답니다. 어느 쪽으로 가야 시간을 벌 수 있는지 는 계산이 되지 않아요. 실제로 우리가 떠난 시간에 유럽은 이미 자정이 되어 있을 거예요. 어쨌든 항상 특별한 기회는 있죠, 안 그렇습니까?

제가 제대로 이해했다면 11시 시간대에 들어가게 될 때 우리는 아마 대서양 위에 있게 될 거예요. 그러니까 미국에 있는 것도 아니고 아직 유럽 어느 나라의 상공에 있는 것도 아니지요. 이것은 자정이 되었을 때 미국도 유럽도 아닌 곳에서도 축배를 들 수 있다는 것을 뜻해요! 저로서는 이 정도 독특한 축배로도 충분하답니다.

그녀 : 당신이 그렇게 말씀하신다면······. 저는 매년 파리나 뉴욕에서 새해를 맞이한 것을 자랑스럽게 생각했어요. 대서양 한가운데서 축배를 든다는 생각이 특별히 매력적인 것 같지는 않아요.

참견쟁이 : (앞쪽 좌석 사이로 얼굴을 내밀며) 축배를 들 수 있다면 말이지요.

승객 : 뭐라고 하셨습니까?

참견쟁이 : 우리가 대서양 한가운데서 자정에 축배를 들 수 있을 거라는 확신을 누가 선생에게 심어주었습니까?

승객 : 예기치 못한 경우를 제외하고는 수학이 우리에게 모든 것을 보장해 준다고 생각하는데요. 여기 이 부인이 말씀하신 대로 우리가 저녁 6시에 출발을 하면 아침 8시에 도착을 하게 됩니다. 조만간 어느 곳에서든 자정이 되겠지요. 그리고 지도가 저를 속이지 않는다면 그때쯤 우리는 이미 유럽의 해안에서 아주 멀리 떨어져 있을 겁니다.

참견쟁이 : 미안하지만 우리가 '바로 자정에' 어느 곳엔가 있게 될 거라고 선생에게 누가 말해 줬습니까? 그렇게 항로를 잘 연구하셨습니까?

승객 : 항로라구요?

참견쟁이 : 수학과 지리학은 우리에게 여행 중에 우리가 있는 시간대를 벗어나지 않은 채, 어떤 시간에서 다음 시간으로 지나가는 일이 한 번 이상 일어날 수 있다고 말해 줍니다. 여행 시간이 여덟 시간이고 뉴욕과 파리의 시차가 여섯 시간이라면 이것은 최소 두 번에서 최대 여덟 번까지 그런 일이 일어날 수 있다는 것을 의미합니다. 그렇지만 자정이 이런 경우에 속한다고 말할 수는 없습니다. 뿐만 아니라 저는 두 번 계산을 했습니다. 그래서 예기치 않게 항로가 바뀌는 경우가 아니라면 우리는 분명 자정을 그냥 건너뛰게 될 겁니다(이건 축배를 들 만한 일이지요).

승객 : 당신 말을 이해할 수가 없군요.

그녀 : 제가 보기에는 너무나 분명한데요. 11시 45분(지방시로)이 되었을 때 당신이 축배를 들 준비를 하는 동안 우리가 다음 시간대

로 들어간다고 생각해 보세요. 우리는 자동적으로 12시 45분(새로운 지방시)에 있게 되는 거고 15분만 지나면 벌써 1시가 되는 거예요. 당신은 여전히 마개를 따지 않은 샴페인 병을 들고 서 있는 거죠. 분명해요. 자정은 없는 거죠.

승객 : 그러면…….

참견쟁이 : 그러면 내 말을 믿으세요. 정말 그런 일이 일어날 거예요. 자정은 없어요. 카운트다운도 없는 거죠. 우리는 이 비행기를 타고 12시의 경계를 넘지 않은 채 2003년에서 2004년으로 갈 수 있습니다.

승객 : 오오, 이런, 난 계속 축배를 들 수 있을 거라고 생각했는데. 정말 실망스럽네요.

참견쟁이 : 실망하실 필요 없습니다. 저는 매년 그랬는 걸요. 저를 믿으세요. 그럴 만한 가치가 있습니다. 저는 모든 경계에 거부감이 있습니다. 시간적인 경계도 마찬가지지요. 경계가 없는 것에 축배를 드는 게 더 낫습니다.

그녀 : 제가 보기에는 두 분 다 약간 이상하신 것 같아요. 어쨌든 지금까지 이런 문제를 한 번도 생각해 보지 않았다는 점은 시인해요. 당신이 말한 대로라면 난 더 이상 불평할 이유가 없을 것 같아요. 파리나 뉴욕에서 항상 새해를 맞았다고 말할 수 있을 테니까요. 이 여행도 전혀 특별한 건 없을 거예요.

승객 : 전혀 축하를 하지 않기 때문에 특별하지 않을 거요.

다른 사람들 : 아니오, 아니오. 우린 축배를 들겠습니다. 그렇지만

마법의 순간이 사라져버린 것을 축하할 겁니다. 2003년에 미리 작별 인사를 하고 2004년에 늦게 인사를 할 겁니다. 그렇지만 우린 단 한 순간도 놓치지 않을 거예요.

출생지 증명서

남자아이 : 안녕하세요, 매표원 아저씨. 저는 공룡 전시회를 보러 왔어요. 정말 세살 전까지는 무료입장이에요?

매표원 : 물론이지. 우리 어린 친구들에게 박물관 관람을 장려하기 위해 우리가 고안해 낸 거란다.

남자아이 : 정말 좋은 생각이에요! 엄마 아빠가 제때 알려주셔서 천만다행이에요! 내일이면 제가 세살이 되거든요. 여기 제 신분증 있어요.

매표원 : 그런데 애야, 여기엔 네 나이가 1월 16일로 적혀 있는데. 오늘이 바로 1월 16일이야.

남자아이 : 맞아요, 아저씨 말이 맞아요. 그렇지만 출생지까지 검사하지 않는다면 출생일은 아무 의미도 없는 거예요. 저는 2001년 1

월 16일 미국 '뉴욕에서' 태어났어요. 제가 밤 10시 30분에 태어났다는 걸 아셔야 해요. 원하시면 제 출생증명서 사본을 갖다 드릴 수도 있어요.

매표원 : 무슨 말을 하는 건지 모르겠구나.

남자아이 : 제가 뉴욕 시에서 1월 16일 밤 10시 30분에 태어났다면, 여기 유럽에서의 제 출생일은 이미 1월 17일이 된다는 말이에요. 아저씨는 표준시간대의 차이가 있다는 걸 저보다 더 잘 아시겠지요. 그러니 제 생일은 미국인들은 16일이라고 하겠지만 유럽인들은 17일이라고 해야 맞아요. 분명해요.

매표원 : 미안하구나. 여기에 네 출생일이 1월 16일이라고 적혀 있고 오늘은 바로 1월 16일이다. 너는 이제 '막' 세살이 된 거야. 어쨌든 '이미' 세살인 거지. 미안하다.

여자아이 : (남자아이 뒤에 줄을 서 있다가 흥미로운 듯 그 광경을 지켜보고 있다) 우연하게도 제가 바로 1월 17일에 태어났어요. 보시겠어요? 이게 제 신분증이에요.

매표원 : 2001년 1월 17일. 좋다. 너는 아직 세살이 아니니 무료입장 할 수 있어.

여자아이 : 그렇기는 하지만 제 출생지도 아저씨가 잘 봐주셨으면 해요. 파리거든요. 지금, 보면, 저는 우연하게도 새벽 4시 30분에 태어났어요.

남자아이 : 그러면 친구야, 너는 나와 같은 시간에 태어난 거구나!

여자아이 : 바로 그거야. 너하고 나는 똑같은 시간에 태어났어. 물

론 시간대의 차이가 있지만. 그러니까 매표원 아저씨, 아저씨가 제게 무료입장을 허락하신다면 여기 이 아이도 무료입장시키지 않으면 안될 것 같아요.

매표원 : 어떻게 할 수가 없다. 난 서류 사본을 첨부해야 하거든. 그런데 너와 이 아이의 서류는 서로 다른 사실을 보여주고 있어. 넌 1월 17일이고 이 아이는 1월 16일이라고.

여자아이 : 그렇지만 아저씨. 서류가 보여주는 건 이것만이 아니에요. 나는 파리에서 태어났고 얘는 뉴욕에서 태어났다는 걸 보여주잖아요. 사본 맨 밑에 출생 시간을 덧붙여 쓰는 게 어떨까요? 그렇게 하면 서류가 완벽하게 채워질 거예요. '2001년 1월 17일 오전 4시 30분 파리 출생' 그리고 '2001년 1월 16일 22시 30분 뉴욕 출생'이라고 말이에요. 겉으로 보기에는 서로 다른 것 같은 이 두 가지 정보가 같은 시간이라는 것을 보여주는 거예요.

매표원 : 그렇다면 내 경우를 좀 설명해 보거라. 나는 2월 29일 밤 11시에 태어났거든. 밀라노의 로고레도에서. 오스트레일리아에 사는 우리 삼촌들은 내가 3월 1일에 태어난 것으로 안다는 거냐?

아이들 : (합창을 하듯) 바로 그거예요.

매표원 : 하지만 2월 29일이 없는 윤년에는 3월 1일에 내 생일파티를 하거든. 그러면 내가 오스트레일리아로 이사를 가게 되면 3월 2일에 파티를 해야 하니?

아이들 : 그럼요. 3월 2일에 해야 해요.

매표원 : 2월에 태어났는데 3월 2일에 생일파티를 한다면 조금 이

상한 것 같지 않니?

　　아이들 : 이상해요, 매표원 아저씨. 그렇지만 완벽하게 논리적이에요.

　　매표원 : 너희들이 그렇다고 한다면…… 자, 여기 표 두 장이다. 내가 지금 이런 이야기들을 내 상사에게 되풀이하게 되지 않기만을 바랄 뿐이다.

　　남자아이 : 아저씨 정말 친절하세요.

　　여자아이 : 이제 우리 모두 제과점에 가서 생일파티 하자!

　　매표원 : 뭐라고, 뭐라고? 지금까지 이런 논쟁을 한 건 내일이 너희들 생일이라는 걸 증명하기 위해서였잖니.

　　아이들 : 맞아요. 생일은 내일이에요. 그렇지만 우린 항상 그 전날 파티를 하거든요.

인공
사계절
섬

그 : 안녕하십니까. 태평양에서 휴가를 보내기 위해 예약을 하러 왔습니다.

여행사 직원 : 최고의 선택이십니다. 제가 사계절 섬이라는 새로운 인공 섬을 소개해 드리겠습니다.

그 : 뭐라구요? 인공 섬이라구요?

직원 : 그렇습니다. 하지만 걱정하실 것 없습니다. 자연 그대로의 섬과 전혀 구별이 되지 않으니까요. 인적이 거의 닿지 않는 사적인 공간입니다. 집도 네 채밖에 없습니다. 단 한 채도 더 없어요.

그 : 흥미롭군요! 전 사람들이 많지 않은 곳을 좋아합니다. 그런데 이 섬이 어디 있는 겁니까?

직원 : 적도에 있습니다. 날짜변경선이 지나가기도 하지요.

그 : 시간과 공간의 교차로에 있군요. 날짜변경선 이야기가 몹시 흥미로운데요. 그런데 날짜변경선은 정확히 어떤 겁니까?

직원 : 간단합니다. 변경선의 서쪽이 자정이라고 가정을 해봅시다. 그때 동쪽은 이미 1시여서 새로운 날이 시작됩니다. 우리가 1월 1일이라고 부르는 새 날이 천천히 서쪽으로 옮겨가기 시작하는 겁니다. 전세계를 한 바퀴 돌아 날짜변경선으로 돌아오면 12월 31일이 1월 1일이 되는 겁니다. 이것은 자정이 세계를 한 바퀴 돌고 오면 다음날로 변한다는 것을 의미하지만 이런 변화는 날짜변경선까지 되돌아와야만 완성됩니다. 변화가 완성될 때까지는 12월 31일에 머물러 새로운 날이 오기를 기다리는 땅과 1월 1일에 있는 땅이 동시에 존재하는 것입니다.

그 : 자정이 세계를 한 바퀴 돌고 날짜변경선을 다시 만나게 되는 순간……

직원 : 그러면 바로 그 순간 전 지구가 1월 1일이 되는 거지요. 잠시 후 자정은 다시 서쪽으로 옮겨가 1월 2일이 시작되는 겁니다.

그 : 하지만 날짜변경선이 거주 지역으로 지나가면 그 선이 관통하는 곳에 있는 사람은 하루에서 다른 하루로 옮겨가게 되겠네요. 동쪽으로 한 걸음 옮기기만 하면 12월 31일로 돌아갈 수 있고 1월 1일로 되돌아가기로 결정하면 서쪽으로 한 걸음 옮기면 되는 거지요!

직원 : 바로 그겁니다. 그렇게 해서 한 해에서 다른 해로 넘어갈 수도 있는 겁니다.

그 : 아주 재미있는데요. 그 섬에서 휴가를 보내고 싶습니다. 그

섬 이름이 뭐라고 했죠?

직원 : 사계절 섬입니다. 언제로 예약을 해드릴까요?

그 : 6월 21일에 그 섬에 도착하고 싶습니다.

직원 : 아니 언제 그곳에 가고 싶으십니까? 봄, 여름, 가을, 겨울?

그 : 대체 무슨 말이죠? 6월 21일에 섬에 도착하고 싶다고 말하지 않았습니까?

직원 : 그러니까요. 봄, 여름, 가을, 아니면 겨울?

그 : 죄송합니다만 정말 무슨 말인지 모르겠어요.

직원 : 그것은 손님이 묵을 집에 달려 있습니다. 북서쪽 집에 머무신다면 여름이 될 겁니다. 북서쪽의 집은 적도의 북쪽입니다. 만약 적도를 지나 남서쪽 집으로 간다면 그쪽은 겨울일 겁니다. 북반구가 여름일 때 남반구는 겨울이니까요.

그 : 두 반구의 계절이 반대라는 사실을 잊고 있었네요. 그러니까 제가 선택할 수 있는 것은 여름과 겨울인가요? 그러면 저는……

직원 : 이 말씀을 드려야겠군요. 가능성이 아직 두 가지 더 있습니다. 손님은 6월 21일에 도착하고 싶다고 말씀하셨습니다. 만약 남서쪽 집(겨울)에서 남동쪽 집으로 가면 날짜변경선을 넘는 것이고 그러면 6월 20일이 될 겁니다. 6월 20일은 남반구에서는 가을입니다.

그 : 봄으로도 갈 수 있다는 말씀이군요.

직원 : 물론입니다. 적도를 넘어 북동쪽 집으로 옮기기만 하면 됩니다. 남반구에서 가을이면 북반구는 봄입니다.

그 : 그래서 제게 '언제' 섬으로 갈 거냐고 물은 거군요! 지점(地

點)에서는 시간이 장소를 결정하지요. 어느 곳을 선택해야 할지 저도 모르겠습니다.

직원 : 추가 요금도 많지 않으니 네 채를 전부 얻으십시오.

그 : 정말 좋은 생각입니다. 그렇게 하면 둥글게 원으로 돌아가며 살면서 계절과 계절 사이를 수없이 오갈 수 있겠지요? 수천 년을 사는 것 같을 거예요. 기네스북에 오를 휴가가 되겠네요.

직원 : 더 멋진 일도 하실 수 있습니다. 적도와 날짜변경선의 교차점에 앉은 채 움직이지 않는 겁니다. 그러면 하루 동안 사계절을 동시에 경험할 수 있을 겁니다. 아니 계절을 완전히 벗어나 있는 거지요. 선택은 손님이 하십시오.

이곳이 북극 이었습니다

그녀 : 안녕하세요. 북극 '모험 여행' 표를 찾으러 왔는데요.

여행사 직원 : 죄송합니다만…… (당황스러운 침묵) 그게…….

그녀 : 무슨 문제가 생겼나요? 전 비용을 전부 지불한 것 같은데요. 쇄빙선, 썰매 끄는 개 임대료, 서바이벌게임 요금까지 눈이 튀어나올 정도로 많은 돈을 냈는데요.

직원 : 안타깝게도 여행을 취소할 수밖에 없었습니다.

그녀 : 무엇 때문인가요? 계절도 적당하고 날씨도 변덕을 부리지 않고 항공기 파업도 없는데요. 대체 무슨 이유로 여행을 취소하려는 겁니까?

직원 : 여러 가지 조건이 이보다 더 좋을 수 없다는 건 저도 압니다. 그리고 이 여행을 오래 준비했다는 것도 믿어주셔야 합니다. 저

희는 고객분들을 실망시켜 드려서 정말 유감스럽게 생각하고 있습니다. 그래도 정말 출발할 수가 없습니다.

그녀 : 무슨 일이 일어난 겁니까? 마치 극복할 수 없는 난관을 만나기라도 한 것처럼 말씀하시는군요.

직원 : 말씀드릴 수밖에 없겠군요. (접힌 신문을 꺼낸다) 자, 손님도 이걸 한번 보십시오.

그녀 : "이곳이 북극이었습니다."

직원 : 사진에서 보시다시피 예전에 북극이었던 곳이 지금은 바닷물이 고인 호수로 변해버렸습니다. 온실 효과 때문입니다. 빙하가 녹아내리고 있습니다.

그녀 : 오, 아니에요. 저도 이 기사에 대해 잘 알고 있어요. 신문마다 이 보도를 했지요. 그렇지만 결국 거짓이라는 게 밝혀졌어요. 지금 우리는 모두 극지방의 빙하가 전혀 녹아내리지 않는다는 것을 알고 있어요. 그리고 또 정말 녹아내린다 해도 뭐 어떤가요? 배를 타고 갈 수 있잖아요. 어쨌든 북극에 갈 수 있는 거지요.

직원 : 정말인가요? 손님 말을 들으니 안심이 되는군요. 북극 방문이 어려울 것 같아서 우리는 사라져버린 아름다운 기념물들을 방문하는 여행을 계획 중에 있었습니다. 황량한 지역, 지금은 남아 있지 않은 유적 때문에 유명해진 지역으로 여행을 할 수 있을 겁니다. 광고 전단지에 어떤 문구를 실을지 상상해 보시겠습니까? "이곳에 거대한 불상들이 있었습니다"(지금은 그 잔해들만 남아 있지요). "이곳은 아랄 호였습니다"(오늘날엔 물이 완전히 말라버렸지요). 이런 식입니

다. 그러니까 이런 문구도 첨가할 수 있겠군요. "이곳이 북극이었습니다"(지금은 호수로 변해버렸구요).

그녀 : 흥미로운데요. 여행 장소나 그곳으로 여행할 고객이나 다 쉽게 찾으실 것 같군요. 그런데…….

직원 : 뭡니까?

그녀 : 당신은 이 문구들을 어떻게 해석하시나요? 제가 보기에는 각기 다른 의미를 가지고 있는 것 같은데요.

직원 : 저는 손님의 의견을 이해할 수 없습니다. 모든 문구들은 이곳에 ─ 혹은 문구에 따라 변화시킬 수 있는 어떤 장소에 ─ 지금은 없지만 예전에는 뭔가 있었다는 것을 말해 주고 있습니다. 손님이 보시기에는 안 그렇습니까? 그것은 제가 "이곳에 내 연필이 있었습니다"라고 말하는 것과 같은 거지요. 달리 제가 하고 싶은 말이 뭐가 있겠습니까? (혼자말로) 내 연필은 여기 있었지만 지금은 없습니다. 그건 그렇고 손님 생각은 어떻습니까?

그녀 : 동의할 수 없어요. 당신이 말한 해석은 불상에는 딱 맞아떨어져요. 그 문구에 맞는 장소가 있어요. 바미안(아프가니스탄 중부의 계곡 – 옮긴이)이라는 곳에 유적물이 있지요(불상). 그리고 지금 그 유적물은 더 이상 존재하지 않거나 적어도 그 장소에 없어요.

직원 : 맞습니다.

그녀 : 그렇지만 이건 아랄 호에는 별로 맞지 않는 문구예요. 당신에게 호수는 그저 항상 거대한 물을 의미하는 것 아닌가요?

직원 : 아닌 것 같은데요. 물이 말라버린 호수는 꽤 있으니까요.

오히려 호수가 하나의 장소라고 말하고 싶군요. 아랄 호가 말랐다고 말하는 것은 어떤 장소에 물이 있었는데 지금은 더 이상 물이 없다는 것을 뜻하지요.

그녀 : 하지만 "이곳은 아랄 호였습니다"라는 문구를 이상하게 만드는 것은 바로 이 해석이에요. 만약 아랄 호가 호수였다면 어떻게 '여기'에 있을 수 있었고 더 이상 존재하지 않을 수 있는 건가요? 장소는 옮길 수 없는 겁니다.

직원 : 압니다. 그러니 호수가 거대한 물이라고 말하는 겁니다.

그녀 : 물론 거대한 물이 없는 말라붙은 호수 앞에서 사람들은 당황스러워할 거예요. 그뿐만이 아니에요. 만약 호수가 거대한 물이었는데 물이 한 방향으로 흐르다 바다로 흘러가버렸다면 호수가 이제 바다에 들어가 있다고 말할 수 있는 걸까요? 그리고 다시 호수에 물을 채울 수 있을까요? 포도주로 호수를 다시 채워도 되는 걸까요?

직원 : 어쩌면 호수에 대해 우리가 가지고 있는 관념은 혼합적인 것일 수도 있어요. 한편으로 우리는 호수가 거대한 물이라고 생각하며(혹은 어떤 형태의 액체), 또 한편으로는 거대한 물을 받아들일 수 있는 호수로 생각을 하는 겁니다. 필요한 개념에 따라 첫번째 측면에 특권을 부여할 수도 있고 두번째에 그렇게 할 수도 있지요.

그녀 : 좋아요. 그러면 북극으로 돌아와 보지요. 북극은 뭐라고 해야 하나요? 어떤 의미에서 더 이상 '이곳'에 존재하지 않을 수 있죠?

직원 : 그렇습니다. 제가 어느 곳을 이야기하다 말았나요?

그녀 : 아무 곳도 이야기하지 않았어요. 북극에 대해 말할 때는

'단지' 공간적인 개념만을 사용하게 되지요. 북극과 일치하는 대상은 존재하지 않아요. 북극은 불상 같은 것도 아니고 아랄 호 같은 것도 물론 아니지요. 북극은 어떤 것이로든 만들어질 수 있고, 그 안에 어떤 것도 채울 수 있어요. 결국 극지는 아무것도 아니라고 할 수 있겠지요. 그건 아리스토텔레스가 장소에 대해 말할 때 언급했던 것처럼 '단순한 그릇' 같은 거예요.

직원 : 그러면 극지가 추상적인 것이라는 말씀인가요?

그녀 : 실체가 없다고 해서 모두 추상적인 것은 아니에요. 만약 당신이 극지에 구멍을 뚫는다면, 그것은 구체적인 행동을 한 것이지요.

직원 : 그런데 극지는 어디 있는 겁니까?

그녀 : 구멍 속에 있을 거예요. 사과 씨를 빼내듯 우리가 지구에서 중심부를 제거할 수 있다면, 지축은 계속 확장될 수 있을 거예요. 그래도 지축은 그대로 있겠지요. 극(極)이라는 건 완전히 추상적인 것일 수 있으니까요.

직원 : 맞습니다. 하지만 그럴 경우, 이런 추상적인 대상들을 우리 지구의 일부분으로 간주할 수 있나요?

그녀 : 그건 말씀드릴 수 없을 것 같아요. 어찌되었든 "이곳이 북극이었습니다"라는 문장이 적절하지 않다는 걸 아셨죠? 당신도 동의를 하셨어요. 북극은 항상 그곳에 있는 겁니다.

직원 : 그런데 무슨 이유로 사람들에게 그 문장이 적절해 보였던 거죠? 그걸 이상하다고 생각한 사람은 아무도 없었어요. 반론을 제기하는 편지들이 신문에 넘쳐나는 것 같지도 않더군요.

그녀 : 공간적 개념은, 말하자면 대상에만 '밀착되려는' 경향이 있어요. 우린 구멍이 뚫린 대상을 생각하지 않고는 구멍을 생각할 수 없어요. 북극을 생각하는 가장 좋은 방법은 북극에 있는 얼음 덩어리를 생각하는 거예요. 거대한 얼음 덩어리로 북극을 생각하는 것은 아주 쉬워 보여요. 그리고 사람들이 북극 여행에 참가 신청을 할 때, 자신들이 그런 빙하를 방문하러 갈 거라고 생각하는 거죠. 그것은 우리가 머리 속으로 북극과 연결시켜 놓은 빙하의 경치를 보러가고 싶어한다는 걸 뜻해요. 그것이 정말 우리가 기대하는 바라면, 그리고 정말 이제는 북극에 빙하가 없다면 여행을 취소하는 게 좋을 거예요. 목표가 더 이상 존재하지 않기 때문이라기보다는 오히려 목표가 바뀌었기 때문이지요. 그리고 당신들이 새로운 여행을 계획하고 싶다면 사라진 유적물 방문 프로그램을 각기 구별해야 해요. 어떤 경우에는 이런 문구들을 쓸 수 있을 거예요. "여기에 큰 불상들이 있었습니다." 또 "여기에 아랄 호가 있었습니다." 그러나 어떤 경우에는 문구를 바꿔야만 해요. "북극이 이렇게 변했습니다"라고 말이에요.

레아(암사자) : 구경꾼들이나 구경하러 가자.

레오(수사자) : 동물원 생활은 멋지다니까.

레아 : 매일 이 많은 사람들이 당신 앞으로 지나가고 우리는 감동스러워하면서 그 사람들이 뭔가를 갈망하는 모습을 구경하지.

레오 : 미치광이들의 우리(cage)야.

레아 : 우리가 여기서 10년 동안 살면서 본 구경꾼만 해도 수백만 명은 될 거야. 10년 동안 그렇게 많은 사람들을 이 감옥에 가두어둘 수 있었으니 나쁘지는 않아.

레오 : 무슨 말이지, 가두다니?

레아 : 매일 열쇠를 가진 남자 분이 오지 않니? 우리에게 먹이를 가져다주러 오는 거 아냐? (죄수 사회 쪽에서 보여주는 친절한 행동이지.

이 안에는 먹을 게 별로 없으니까) 그런 다음 그 남자는 다시 다른 사람들과 같이 안에 갇히잖아.

레오 : '안'이라니, 어디 말이야?

레아 : 어디긴, 우리(cage) 안이지.

레오 : 어떻게…… 어떻게…… 어떻게 그럴 수가 있어! 난 우리(cage)에 갇힌 건 바로 우리라고 생각했어. 그 남자는 우리에게 먹이를 가져다주고, 다시 자유의 몸으로 돌아가는 거지. 그런데 당신은 어떻게 우리가 아니라 그 사람들이 갇혀 있다고 생각할 수 있지?

레아 : 그건 그저 단어의 문제 아닐까? 내가 보기에는 갇혀 있다는 것은 우리(cage) '안에' 있는 것을 의미해. 철창 '뒤에' 있는 것을 의미한다구. 아마 당신에게는 다른 것을 의미하는 것 같은데.

레오 : 아니, 나에게도 갇혀 있다는 것은 우리(cage) 안에, 철창 뒤에 있는 것을 의미해! 그래서 우리가 갇혀 있다고 말하는 거고.

레아 : 하지만 우리 관점에서 보면 철창 뒤에 있는 건 저 사람들이야.

레오 : 하지만 그들의 관점에서 보면 철창 뒤에 있는 건 우리라고!

레아 : 그런데 왜 우리가 그들의 관점으로 봐야 하는 거지? 우리는 사자야, 안 그래? 우리 자존심을 지키자고.

레오 : 어쩌면 우리 둘이 '안에'라는 말의 의미에 서로 다른 생각을 가지고 있는지도 모르겠군. 내게 안에 있다는 것은 밖으로 나갈 수 없다는 것을 뜻해. 아니면 혹시 '우리(cage)'라는 말에 의견 차이가 있을 수도 있고.

레아 : 봐, 우리(cage)란 세계를 에워싸고 있는 넓은 공간이야. 세계

는 당신과 내가 행복하게 살고 있는 사적인 작은 공간이고. 우리(cage)는 세상과 우리(cage) 안을 분리해서 세상의 주민들로부터, 위험하고 공격적인 요인을 잠재적으로 가지고 있는 죄수들(그들)로부터 (우리를) 보호해 주는 철창을 가지고 있어. 대체 어디에 문제가 있다는 건지 이해할 수가 없네. 다시 말하는데 당신 정말 사자의 입장에서 생각하고 있는 거야?

레오 : 사실은 길 이해되지 못하겠어. 우리(cage)는 세상에 둘러싸인 작은 공간이야. 세상은 당신과 내가 행복하게 달릴 수 있는 드넓고 자유로운 공간이지. 우리(cage)는 세상과 우리(cage) 안을 분리해서 세상 사람들(그들)을 잠재적으로 위험하고 공격적인 죄수들(우리)로부터 보호해 주는 철창을 가지고 있는 거야. (구경꾼을 못 잡아먹은 지가 얼마나 됐지?)

레아 : 그러니까 '우리(cage)'라는 말에서 우리 둘의 의견이 일치되지 않는 거군. 당신은 우리(cage)가 나머지 세상보다 훨씬 더 작다고 생각하는 게 틀림없어.

레오 : 그렇다고 할 수 있지. 사전이(지난 여름에 우리가 잡아먹었던 그 조련사 가방에서 발견한 거야) 내 편을 들어줄 것 같은데.

레아 : 난 사전을 믿지 않아. 그것도 약간 냉혹한 조련사의 가방에 있었던 거라면 더 그래. 어쨌든 다시 보자구. 결국 세계 지도가 있어야 할 것 같아. 여기 있네. 자 봐. 여기 사자가 있어. 당신이 보다시피 적도 남쪽에 넓은 지역이 있는데 거기에는 사자들만 살고 있대.

레오 : 그건 그저 옛날이야기일 뿐이야.

레아 : 그럴 수도 있지. 그렇지만 사자들이 정말 적도 남쪽의 남회귀선 밑에 모두 살고 있다고 상상해 봐. 그리고 남회귀선을 따라 천천히 철창이 세워진다고 생각해 봐(바닷물 위에라도 세워질 수 있다고 가정을 해보는 거야). 당신 생각에는 사자들이 우리(cage) 안에 있는 것 같아?

레오 : 물론이지. 남회귀선 남쪽의 공간은 북회귀선보다 훨씬 더 좁아. 내가 말한 대로 우리(cage)는 나머지 세상보다 항상 좁으니까.

레아 : 그럼 당신은 사자 한 마리가 우리(cage)에서 나오기 위해서는 철창을 넘어야 한다는 점에는 동의하겠네?

레오 : 당연하지.

레아 : 이제 사자의 수가 점점 늘어난다고 상상해 봐. 혼잡을 피하기 위해 철창은 북쪽으로 이동이 되어야 해. 사자의 수는 점점 더 늘어나고 그래서 철창은 자꾸만 더 북쪽으로 이동이 되는 거야. 천천히, 1킬로미터씩. 그러다가 철창은 적도 북쪽의 북회귀선에 위치하게 되는 거지. 이제 철창은 아주 튼튼해져서 그것을 넘어갈 수 없게 되었어. 그래도 당신은 사자들이 모두 우리(cage)에 갇혀 있다고 생각할 거야?

레오 : 물론이야.

레아 : 그렇다면 여기서 당신 생각을 듣고 싶어. 이제 사자들이 있는 지역은(북회귀선 남쪽) 나머지 세상(회귀선의 북쪽)보다 훨씬 더 넓어졌어. 이제 상황이 역전된 거야. 그러면 당신은 지금 철창을 넘은 사자가 한 마리도 없지만 사자들이 모두 우리(cage) 밖에 있다고 말하

든지, 아니면 우리(cage)는 세상에 에워싸인 좁은 공간이라는 당신의 생각을 포기해야 해.

레오 : 하지만 이건 지구를 둥근 표면으로 볼 때에만 가능한 이야기야.

레아 : 지구 공간은 둥글어, 친구. 지금 우리가 있는 이곳은 지구 공간의 일부분일 뿐이야. 우리가 종종 작게 생각하기 때문에 그 사실을 잊어버리는 거야. 하지만 크게 생각할 필요가 있어. 정신의 우리(cage)에서 나가기 위해서는 진짜 사자가 되어 추론을 할 필요가 있어. 그렇지 않으면 우리는 다시 보잘것없는 작은 원에 갇힌 메트로 골든 메이어(MGM 영화사 – 옮긴이)의 사자처럼 명령에 따라 가짜로 포효할 수밖에 없을 거야.

까꿀바
만우좌
왜 은울거

거울은 왜 좌우만 바꿀까

그 : 백미러 좀 봐. '앰뷸런스'가 거꾸로 '스런뷸앰'으로 쓰였어!

그녀 : 그걸 이제 알았단 말이야?

그 : 지금까지 눈여겨본 적이 한 번도 없었으니까. 백미러로 쉽게 읽을 수 있게 하려고 거꾸로 써놓은 것 같은데.

그녀 : 그렇지, 다른 이유는 없어.

그 : 하지만 호기심이 생기는걸, 안 그래?

그녀 : 뭐가?

그 : 글씨가 위아래가 아니라 좌우로 거꾸로 되어 있다는 거 말이야.

그녀 : 그렇지 않으면 대체 어떻게 되어 있어야 하는데?

그 : 모르겠어. 그렇지만 난 거울은 왜 위아래가 아니라 오른쪽 왼

쪽이 뒤바뀌어 보이는지 의문이 생겨. 봐, 이 팝 뮤직 책을 들어봐. 그리고 그것을 거울에 비춰봐. 제목 왼쪽의 글씨가 거꾸로 되는 게 아니라 제목 글씨의 윗부분이 바뀌면 안되는 걸까? 이 'pop'이라는 글자를 봐. 거울에서는 'qoq'로 읽혀. 그런데 왜 'bob'로 읽을 수는 없는 거지?

그녀 : 조심해, 속도를 늦춰! 백미러 문제는 그냥 내버려둬. 저 물웅덩이나 잘 봐, 레코드 가게의 네온사인 간판을 잘 봐. 'pop'이라는 단어가 물웅덩이에 비쳤을 때 어떻게 되는지 봤어? 정말 'bob'로 읽혀. 이번에는 'p'가 'q'가 아니라 'b'가 된 거라고. 수평이 아니라 수직으로 뒤집어진 거야. 거울이 위아래가 아니라 오른쪽 왼쪽이 반대로 보인다면 웅덩이는 오른쪽 왼쪽이 아니라 위아래가 반대로 보여. 그런데 웅덩이가 눕혀져 있는 거울과 마찬가지인데, 이 둘의 차이를 어떻게 설명할 수 있지?

그 : 잠깐만 기다려 봐. 사실 웅덩이에서도 'p'가 오른쪽 왼쪽으로 바뀔 수 있어. 그저 웅덩이 바로 위에서 아래로 내려다보기만 하면 돼. 자 봐, 내가 위에서 아래로 내려다보면 'p'가 'q'로 보여. 그래서 웅덩이에서도 'qoq'로 읽을 수 있어.

그녀 : 그러지 말고 운전이나 조심해! 어쨌든 당신이 웅덩이의 글자를 보기 위해 바로 위에서 아래로 내려다본다면 백미러로 볼 때도 그렇게 할 수 있지 않을까? 그러면 당신 책의 'p'는 'q'가 아니라 'b'가 될 수 있고 당신은 'bob'로 읽을 수 있어. 당신이 위에서 아래로 내려다본다면 백미러는 오른쪽 왼쪽이 아니라 위아래로만 뒤바

꿰게 돼.

그 : 이런 논리를 납득할 수 없어. 만약 웅덩이에서 내가 위에서 아래를 내려다보겠다고 당신에게 제안했다면 그건 우리와 비교했을 때, 아래쪽만 보고 살아가는 웅덩이 주민들의 관점으로 바라보고 싶기 때문이야.

그녀 : 그런데 대체 왜 백미러를 보고는 똑같이 하지 않는 거지? 왜 백미러의 주민이 되었다고 상상할 수 없는 거냐구? 당신이 말한 대로라면 오른쪽 왼쪽이 바뀐 채 살아가고 있으니 거울 속에서는 당신에게 'q'인 게 그들에게는 'p'가 되겠지. 그러면 문제는 해결되는 거야. 바로 이 때문에 거울의 주민들은 앰뷸런스라는 단어를 우리와 똑같이 읽을 수 있는 거지. 내 말에 수긍을 해야 할 거야. 그들을 잘 관찰해 보면 글자를 읽을 때 고개를 오른쪽에서 왼쪽으로 움직이거든(그들이 백미러를 이용할 때 어려움이 있을 거라고 상상은 하지만 말이야).

참견쟁이 : (불빛으로 짜증난다는 듯 신호를 보낸 뒤, 백미러 속에서 모습을 드러낸다) 잘 들어보세요. 두 분 다 틀렸습니다. 백미러에서 전도되는 건 앞뒤 방향뿐입니다.

그녀와 그 : 뭐라구요?

참견쟁이 : 만약 내가 위쪽을 가리키면 두 분은 백미러로도 그것을 볼 수 있습니다. 내가 왼쪽 깜빡이를 켜면 두 분은 백미러를 통해 당신들 왼쪽에서 불빛이 깜빡이는 것을 볼 수 있습니다. 두 경우 모두에서 전도된 것은 아무것도 없습니다. 그러나 내가 만약 두 분을 추월하면 그때 상황은 바뀌게 됩니다. 내 모습은 실제 진행 방향과

비교했을 때 반대 방향에서 당신들 쪽으로 가게 되는 거지요. 유일한 전도는 앞, 뒤입니다.

그녀 : 오, 아니에요. 선생님은 바깥쪽 공간과 연결된, 완전히 다른 방향에서 위아래, 오른쪽 왼쪽, 앞뒤에 대해 얘기하고 있잖아요. 당신은 지금 절대적인 방향에 대해 얘기하는 거예요. 저희는 주관적인 방향에 대해 말하고 있는 거고요.

참견쟁이 : 논점은 바로 이겁니다. 사람들이 거울이 위아래가 아니라 오른쪽 왼쪽이 거꾸로 보인다고 말할 때 그건 전혀 다른 전도를 말하는 겁니다.

그 : 그럼 뭘 말하는 것이지요?

참견쟁이 : 거울은 항상 절대적인 '한' 방향으로, 거울 표면에서 수직 방향을 거꾸로 보여준다고 말할 필요가 있지요. 다시 한 번 웅덩이를 생각해 보세요.

그 : 그러면 우리가 거울을 볼 때 나타나는 신체의 전도는 환영이라는 겁니까?

참견쟁이 : 앞뒤 방향과 비교해 볼 때 우리가 어떤 위치에 있느냐에 달린 거지요. 우리가 거울 앞에 있다면 우리는 육체의 오른쪽 왼쪽이 바뀌었다고 말하게 될 겁니다. (그리고 넓은 의미에서 모든 물체는, 사용되기 위해서 어떤 방향을 취하기를 요구하는 알파벳 글자와 같습니다. 그래서 'pop'이 'qoq'가 되는 겁니다) 하지만 우리가 앞뒤 방향으로 나란히 서 있다면 그것은 위에서 아래를 내려다보는 것과 마찬가지가 됩니다. 그러니까 전도가 되는 건 물체의 위아래가 되는 겁니

다. 그래서 'pop'이 'bob'가 될 겁니다.

　그와 그 : 만약 우리가 옆에 있다면요?

　참견쟁이 : 신경을 써서 질문하는 게 좋을 것 같군요. 미안하지만 지금 전 당신들 백미러에서 완전히 나가야 합니다……. 고맙습니다. 곳 는하 게가나지 를스런븅앰(앰뷸런스를 지나가게 하는 곳).

아인슈타인은 베른의 특허국에서 특수상대성이론을 연구하던 시기에 역에 있는 시계들의 등위관계를 시험하는 여러 프로젝트를 시도한 것 같다. 그러니까 특수상대성이론은 − 물리학을 거의 철학적으로 다뤘다고 할 수 있는 이 장은 − 아인슈타인이 철도청 관료들과 벌였던 논쟁과 일직선상에 놓일 수 있는 걸까?

확신을 하지 못하는 사람에게 발레 피날레 종지기의 편지는 우리에게 등위 문제에서 시간은 공간과 쉽게 분리될 수 없음을 보여준다. 물론 등위 문제에서 한 쪽은 종소리이고 다른 쪽은 빛의 속도이다. 한 쪽에는 발레 피날레의 종지기가 있고 다른 쪽에는 아인슈타인이 있다. 여기서 끝나는 게 아니다. 공간과 시간의 개념은 직관 속에서 특별한 기하학과 연결되어 있다. 즉 바로 우리 가까이에 있는 사각의 사물들, 교과서에서 배웠음에도 불구하고 지나치게 평면적으로만 생각하는 지평선에 대한 기하학이다. 하지만 평평하지 않을 뿐 아니라 둥글기도 한 땅의 방향을 가리키는 나침반 없이도 더 넓은 범위에 대해 생각해 볼 수 있다는 것을 이미 살펴보았다. 안과 밖, 생일과 계절 같은 개념이 아직도 기능을 하는 것일까? 오른쪽 왼쪽, 위아래와 같은 다른 개념들은, 동일한 공간을 묘사할 때 혼동되는 주체와 객체의 문제에서, 거울을 창문과 같은 것으로 간주하게 만든다. 우리는 이러한 혼동의 덫에 빠져들어 그로부터 자유로워지기가 어렵다.

이것을 명료하게 밝히고 난 뒤에 우리는 객체와 사건들, 좀더 정확히 말해 시간과 공간 속에 자리잡고 있으며 가끔 우리의 관념 속에서 추상적인 것이 되기도 하는, 손으로 만질 수 있는 사물들을 생각할 수 있게 된다. 이것이 우리가 다음 논쟁에서 준비하는 것이기도 하다.

논쟁 5 라운드

아메바 위원장의 마지막 판결
석상 안에 작품이 숨어 있다
찬장과 그 부품 값 별도
하루를 기록하는 방법
열세 번째 줄의 미신
취소된 기차
지구의 새로운 위성들

여기서는 표면적으로는 악의가 없어 보이는 비난을 통해 사물을 계산하고 그 사물에 정체성을 부여한다는 것이 얼마나 어려운 일인지를 알 수 있다. 아메바는 자신의 정체성을 확인하지 못하고, 현명한 판사는 하나 더하기 하나는 여전히 하나라고 주장한다. 운동선수는 하루 동안 자신이 한 일에 대해 이야기할 수 없고, 기차는 단지 한 부인이 너무 신중하다는 사실 때문에 사라질 위험에 처한다.

아메바
위원장의
마지막 판결

아메바 시민위원회 위원장님께

존경하는 위원장님

제게는 너무도 중요한 문제를 위원장님께서 해결해 주십사 하는 요청을 드리기 위해 이렇게 편지를 쓰게 되었습니다. 저는 20초 전 제 바로 위 조상인 M45YY 아메바에서 분열을 했습니다. 사실 '우리는' 제 조상 아메바가 두 부분으로 나뉘었기 때문에 분열이 되었습니다. 5초 전 분열된 '다른' 쪽이 혈통 독점권을 주장할 수 있으며 그래서 M45YY라는 이름을 자신이 사용하고 싶다고 제게 말했습니다. 오해를 피하기 위해 저는 제 권리를 완전히 인정해 줄 위원회의 결정을 요청하는 바입니다.

서명자 M45YY

아메바 시민위원회 위원장님께

존경하는 위원장님

제게는 너무도 중요한 문제를 위원장님께서 해결해 주십사 하는 요청을 드리기 위해 이렇게 편지를 쓰게 되었습니다. 저는 20초 전 제 바로 위 조상인 M45YY 아메바에서 분열을 했습니다. 사실 '우리는' 제 조상 아메바가 두 부분으로 나뉘었기 때문에 분열이 되었습니다. 5초 전 분열된 '다른' 쪽이 혈통 독점권을 주장할 수 있으며 그래서 M45YY라는 이름을 자신이 사용하고 싶다고 제게 말했습니다. 오해를 피하기 위해 저는 제 권리를 완전히 인정해 줄 위원회의 결정을 요청하는 바입니다.

서명자 M45YY

임시 이름 M45YY(A)와 M45YY(B)를 부여받은 아메바들에게

동지들,

2초 전 동일한 내용의 편지 두 통이 우리에게 도착했습니다. 두 편지 모두 M45YY라는 이름의 독점권을 요구하는 것이었습니다. 두 사람이 아직 젊어서 모르고 있을 수 있겠지만 쉽게 상상할 수 있듯이 우리 위원회는 그와 같은 요구들 때문에 과중한 업무에 시달리고 있습니다. 정확히 말해, 120분이라는 긴 시간 동안 전문적인 경력을 쌓으면서 나는 두 분이 보낸 것 같은 요청서 12억 3천 42만 197통의 편지에 사인을 했습니다. 내가 두 분에게 제안하고 싶은 것은, 그리고 이런 유사한 경우에 내가 했던 제안은 두 분 다 위원회가 자동으로 부여하는 임시 이름을 받아들이라는 것입니다. 그 경우 이름 끝에 붙은 괄호를 지워버리기만 하면 됩니다. 내가 2와 6/10초 후면 세포분열을 위해 정년퇴직을 해야 하므로, 더 이상 문제를 일으키지 않기를 바랍니다. 안녕히 계십시오.

위원장

아메바 시민위원회 위원장님께

존경하는 위원장님

저는 위원회의 방침을 존중하며 위원회에서 부여해 준 이름을 받아들이도록 하겠습니다. 외형질의 만수무강을 기원합니다.

M45YYA

아메바 시민위원회 위원장님께

존경하는 위원장님

저는 위원회 방침에 재심을 요구하며 위원회에서 제게 부여해 준 이름을 거부하겠습니다. 외형질의 만수무강을 기원합니다.

M45YYA

M45YY(B) 동지

유감스럽게도 우리는 동지의 재심 요구를 되돌려보낼 수밖에 없습니다. 재심에서는 동지의 사인이 동지가 주장하는 이름이 아니라 우리가 부여해 준 이름에 일치할 필요가 있기 때문입니다. 그러나 만일 권리 주장에 타당성이 있다고 생각한다면 우리는 당신의 재심 요구에 최대한 관심을 기울일 것이니 염려하지 마십시오. 아메바 시민위원회는 각 개인의 의견을 존중합니다!

아메바 시민위원회 위원장님께

친애하는 위원장님

저와, 같이 분열한 제 동지가 위원장님의 답변을 받은 지 6/10초가 지났습니다. 그리고 저는 이미 열등감을 겪고 있습니다. 제 이름 끝에 부여된 'B' 때문에 저는 일과 애정 문제에서 심각한 피해를 입고 있습니다. 하지만 그와 같은 선택에 대한 제 반박은 생물학적인 측면 이외에도 제 분열 동지가 아니라 제게 'B'를 부여할 타당한 이유가 존재하지 않고 존재할 수도 없다는 단순한 사실에서 비롯된 것입니다. 근거가 없기 때문에 그런 이름을 부여한 결정에 따를 수는 없습니다. 또한 제가 어떤 용어로 정의되든 그것과는 별도로 저는 제가 누구인지에 대한 자문을 계속할 것입니다.

서명자 M45YY(B를 받아들이지 않겠습니다)

M45YY(B) 동지

동지는 충족이유의 원리에 의지해 주장의 근거를 제시하고 있습니다. 그렇지만 이 원리는 '형이상학적'이고(발생한 사건들은 이유 없이 발생한 것이 아니다) 경우에 따라서는 '인식론적'인(우리가 발생한 사건에 대한 이유를 찾지 못했다 해도 우리는 그것이 이유 없이 일어났다고 생각할 수는 없다) 가치를 지니고 있습니다. 하지만 '규범적인 측면'에 대해서 말하자면, 오래전부터 우리 법률은 이 원리와 관련이 없기 때문에 삭제하기로 결정했습니다. 그리고 이러한 결정에는 정확한 '근거'가 있습니다.

아메바의 세계는 특별합니다. 그것은 '50퍼센트의 세계'입니다. 아메바는 생리적으로 한 개체가 두 개로 분열하여, 원래의 개체와 똑같이 재생되게 되어 있습니다. 그러므로 형이상학은 우리에게 가장 단순한 길을 선택하도록 강요하고 있고 분열시 조상 아메바는 사라지고 새로운 두 개의 아메바가 태어난다는 사실을 고려하도록 하고 있습니다. 이 세계에서는 모든 해결책이 이해관계에 따르지 않으며 완전히 자의적입니다. 그러니까 우리가 결정할 수 있는 유일한 구별법은 이름과 관련되어 있습니다.

우리는 물론 자신의 근본이 되는 흔적을 간직하고자 하는 동지들의 열망을 받아들이고 싶습니다. 이 때문에 우리는 바로 위 조상의 이름을 자신의 이름 일부로 간직하고자 하는 이들의 요구를 받아들이고 있습니다(잘 살펴보면 극소수입니다). 하지만 우리는 자의성에 의하지 않고는 그 이상으로 진행할 수가 없습니다. 그래서 우리가 이름을 확장시킬 경우 50퍼센트인 우리 세계가 허용하는 유일한 방식으로, 좀더 정확히 말하자면 동전 던지기에 따라 그렇게 한 것입니다. 동전 던지기는 우리 세계에서는 더할 나위 없는 의식이므로, 충족이유 원리에 기대어 이 동전 던지기 결과에 항의하는 것은 아무 의미가 없습니다. 동전을 던질 때 바람이 불었다거나, 동전을 던진 심판관의 엄지손가락이 더러웠다거나 동전이 어린아이의 주머니로 들어갔다거나 등등의 경우에도 항의는 정당하지 않습니다. 50퍼센트의 세계에서 이런 요인들은 대수롭지 않은 것들입니다.

이미 말했듯이 나는 정년퇴직을 준비하고 있기 때문에 다시 동지가 요청을 해온다 해도 답변할 수 없을 것입니다. 그래서 우리가 부여한 이름을 받아들이라고 동지에게 권하는 것입니다. 그렇지만 만약 동지의 입장을 변호하는 게 타당하다고 생각될 경우, 다음에 위원장직을 맡게 될 아베바 양쪽 모두에게 동지의 선택에 관한 편지를 써줄 수는 있습니다.

석상 안에
작품이
숨어 있다

그 : (거대한 화강암 덩어리를 현관 매트 위로 끌어당기며) 나 왔어! 내가 사온 것 좀 봐.

그녀 : 이 정육면체?

그 : 석상이야. 여기 현관에 놓도록 하지.

그녀 : 드디어 현대 예술품이군 그래. 아주 세련되어 보이는데? 미니멀 아트(최소한의 예술이라는 뜻으로, 1960년대 후반부터 미국 미술에서 부각된 한 경향 – 옮긴이) 같아. 난 당신 취향이 훨씬 고전적이라고 생각했어.

그 : 고전주의와 현대성의 타협이라고 할 수 있어. 고전적 아이콘을 이용한 현대적 유희. 이 정육면체 안에는 미켈란젤로의 「다비드」를 그대로 재현한 작품이 담겨 있어(물론 크기는 축소되었지).

그녀 : 이 대리석 상자가 열린단 말이야? 정말 탁월한 생각인데. 난 화강암 상자를 생전 처음 봐.

그 : 아니야. 열리는 뚜껑은 없어. 이 정육면체는 꽉 차 있어서 움직일 수 있는 부분이 전혀 없어. 하지만 이 정육면체 안에는 정확하게 미켈란젤로의 다비드 형상으로 된 부분이 있어.

그녀 : 정확하게 다비드 형상으로 된 부분? 그게 뭐 특별한 거야? 여기 이 수박도 그 안에 다비드 형상으로 된 부분을 가지고 있을 수 있어(크기는 축소되어 있지). 이런 식으로 말하자면 밀로의 비너스 형상으로 된 부분도 있다고 할 수 있어. 그리고 밀로의 비너스 형상으로 된 부분 위에 다비드 형상이 놓여 있다고 할 수 있지.

그 : 그게 무슨 말이야? 과일장수는 예술가가 아니야. 이 작품을 만든 사람은 10개의 유명 작품들을 시리즈로 재현해 낸 저명한 조각가라고. 시리즈의 작품들 모두가 재료로 사용한 거대한 층의 석재에 완전히 둘러싸여 있어서, 그러니까 더 정확히 말하면 석상을 구성하고 있는 바로 그 재료의 층에 에워싸여 있기 때문에 특별한 작품이 되는 거지. 이 작품은 화강암으로 되어 있고 화강암층이 정육면체를 형성할 수 있게 되어 있어. 그렇지만 대리석이나 토스카나의 돌로 된 것들도 있었어. 모양은 원추형, 구형, 피라미드 형……

그녀 : 다비드 형은? 내 말은 다비드 형상의 층으로 둘러싸인 다비드 상도 있을 수 있지 않겠느냐는 말이야.

그 : 무슨 말이지?

그녀 : 알았어. 당신은 사기당한 거야. 층 이야기를 어떻게 믿을

수 있어? 그냥 조각 판매상이 화강암을 정육면체로 자르고 만 거야. 화강암 덩어리의 안쪽에 완전히 숨겨져 있는 부분은 그것이 석상의 모양으로 되어 있다고 해도 석상이라고 할 수 없어.

그 : 하지만 다비드 형상이라면 어떻게 다비드가 아니라고 할 수 있어?

그녀 : 그것은 '아직' 다비드가 아니기 때문에 다비드가 아니야. 만일 조각가가, 당신이 외부 층이라고 부르는 그것을 벗겨내서 다비드를 세상에 내보인다면 그것은 다비드라고 할 수 있겠지. 이 지점에서 우리는 이 화강암 덩어리는(지금 안쪽에 숨겨져 있다고 말하는 덩어리의 그 부분은) 석상이 아니야. 지금으로서는 다른 부분에 둘러싸인 한 부분일 뿐이지. 화강암 덩어리일 뿐이라고.

그 : 미안하지만, 당신은 조각가의 의도는 중요하게 생각하지 않아?

그녀 : 당신의 정육면체는 다비드보다는 미켈란젤로의 「감옥」에 가까워. 조각가의 의도를 인정한다 해도, 아무리 좋게 봐줘도 이 작품은 미완성품이야.

그 : 내가 보기에는 더 이상 완벽할 수 없을 정도로 완벽한 작품인걸. 이 멋진 정육면체를 좀 봐. 이 안에 나의 다비드가 들어 있다는 걸 생각하면 감동이 밀려와. 그런데 어떻게 이 다비드가 「감옥」처럼 미완성품이라는 얘기야? 더 이상 손가락 하나 댈 필요 없다고.

그녀 : 어디 봐. 이 정육면체 안에 미켈란젤로의 다비드 형상을 한 부분이 몇 개나 될까?

그 : 생각 좀 해볼게.

그녀 : 내가 말해 줄게. 아주 많아. 먼저 다비드 형상의 한 부분을 생각해 봐. 이제 처음 부분 속에 포함되어 있는 부분을 생각해 봐. 처음 것보다 정확히 1밀리미터가 작은 거야. 아니면 처음 것의 왼쪽에서 정확히 1밀리미터가 작지만 그 모양은 처음 것과 똑같다고 생각해 보는 거야. 계속 이런 식으로 생각을 하는 거지. 그러면 당신 조각가가 정신적으로 '조각'했던 부분은 어디일까? 당신은 그 조각품들 중에서 '어떤' 것을 산 거지?

참견쟁이 : (우체부 복장을 한 채 문을 두드리지도 않고 들어온다. 자세히 살펴보면 코와 콧수염이 가짜다) 들어가도 되겠습니까?

그 : 왜 안되겠습니까? 게다가 벌써 들어와 계신 것 같군요.

참견쟁이 : 선생께서 이 조각의 팸플릿을 잊어버리셨습니다. 제가 읽어드려도 될까요? "이 화강암 덩어리에 담겨 있는 다비드 상은 높이 10센티미터에 40센티미터 바닥의 한가운데에서 얼굴을 화강암 덩어리의 북쪽을 향해 들고 있습니다. 이게 「미켈란젤로에게 경의를 표함」이라는 제목이 붙은 제 조각품입니다. 조각가 서명."

그 : 10센티미터라고 했습니까? 더 클 거라고 생각했는데. 이 화강암 둘레가 전부⋯⋯.

그녀 : 오, 우리들의 조각가 만세군 그래. 조각가가 손이 아니라 펜으로 일을 하고 있어. 그런데 내가 제대로 들은 건가? 얼굴이 북쪽을 향해 있어야 한다고?

그 : 실제로 그래. 그런데 어느 쪽이 북쪽이지? 정육면체 어디에도 방향 표시가 되어 있지 않아. 긁히거나 어떤 흔적이 남아 있지 않

은 완벽한 정육면체야.

참견쟁이 : 내 생각에는 선생이 석상을 제대로 놓을 때 북쪽이라고 결정하는 쪽이 북쪽일 것 같은데요.

그 : 맞아요! 이렇게 해서 우리도 작품을 완성시키는 데 참가할 수 있는 겁니다. 이 조각가가 더더욱 마음에 드는군요.

그녀 : 그런데 만약 그 어느 쪽도 북쪽을 바라보지 않는다면? 당신의 정육면체가 비스듬히 놓여 있다면 당신이 흥미를 느끼는 쪽은 더 이상 존재하지 않게 돼.

그 : 정말 독창적인 작품이야. 존재하기도 하고 존재하지 않기도 하고. 우리가 정육면체를 굴려서 한 쪽이 북쪽을 향할 때마다, 북쪽으로 향한 다비드 형상에 새로운 부분이 생기게 돼. 우리의 조각품은 콜더(미국의 조각가, 움직이는 미술 '키네틱 아트'의 선구자 – 옮긴이)의 「모빌」처럼 계속 변하는 거야.

그녀 : 하지만 그게 똑같은 조각일까, 다른 조각일까? 생각을 해봐. 1번 쪽이 북쪽을 보았을 때 하나의 조각이 생겼고 2번 쪽이 북쪽을 보았을 때 또다른 조각이 생겼다면 이게 똑같은 조각일까?

참견쟁이 : (팸플릿을 조심스럽게 앞뒤로 살펴보면서) 여기엔 아무것도 적혀 있지 않군요.

그 : 만약 조각가가 그에 관해서 아무 말도 하지 않았다면 우리는 자유롭게 결정할 수 있어. 이것 역시 내가 보기에는 매우 독창적인 아이디어인 것 같아.

그녀 : 조각을 구성하고 있는 부분이 매번 다르기 때문에 매번 다

른 조각이라고 생각해.

　그 : 하지만 나는 때때로 정육면체의 각기 다른 부분에서 실현되는 작품들이 항상 똑같은 것이라고 생각하는 게 좋은데.

　그녀 : 내 생각에는 당신이 속은 것 같아. 미켈란젤로의 「감옥」들은 이런 자유를 전혀 남겨놓지 않았어. 그리고 바로 그런 이유 때문에 우리는 돌 속에 갇혀 있는 작품들로 이야기하는 거지. 그것들은 미완성 작품이지만 어떤 이미에서는 가자 나름대로의 개성을 가지고 있어. 하지만 당신의 다비드는 당신 머리 속에만 존재하는 거야.

　그 : 그래도 의심스러운 게 있어. 미켈란젤로가 「감옥」을 어떤 식으로 완성시켰을지 누가 알겠어?

　그녀 : 관념적인 조각가가 연구해 봐야 할 흥미로운 주제 같아. 물론 그 조각가가 당신의 정육면체를 조각한 조각가보다 더 부지런해야겠지.

찬장과 그 부품 값 별도

판사 : 어느 분이 먼저 말씀하시겠습니까?

로씨 부인 : 제가 먼저 하겠습니다! 며칠 전 제가 여기 있는 비앙키 씨 가구점에서 찬장을 하나 구입하면서 1,000유로짜리 수표를 지불했습니다. 그런데 이제 와서 비앙키 씨가 물품 인도를 거부하고 있습니다.

비앙키 씨 : 찬장 값을 아직 다 받지 않았기 때문에 거부한 겁니다.

로씨 : 터무니없는 소리 하지 마세요! 당신에게 직접 수표를 줬고 여기 지불 영수증도 가지고 있다구요.

비앙키 : 판사님, 제 말씀 좀 들어보십시오. 로씨 부인이 찬장 값에 상응하는 1,000유로를 제게 지불한 건 맞습니다. 하지만 찬장을 구성하고 있는 부품 구입 가격 1,000유로를 더 지불해야만 합니다.

그래서 총액은 2,000유로입니다.

판사 : 무슨 말인지 알아들을 수가 없군요. 찬장 값이 1,000유로인데 무엇 때문에 1,000유로를 더 내야 한다는 겁니까?

로씨 : (투덜거리며) 내 말이 바로 그 말이에요.

비앙키 : 제가 설명을 드리지요. 우리는 찬장과 그 찬장을 이루고 있는 부품을 동시에 인도할 수밖에 없습니다, 맞지요? 따라서 우리는 부품을 팔지 않고 찬장을 판다는 건 생각조차 할 수 없습니다. 이 점에 대해서 우리는 항상 분명히 해왔고 우리 고객들도 아무 말이 없었습니다. 가구를 사는 사람은 부품도 사야만 했고, 반대의 경우도 마찬가지였습니다.

로씨 : 그 손님들은 사기라는 걸 몰랐기 때문에 아무 말도 하지 않은 거예요! 하지만 날 속일 수는 없어요.

판사 : (비앙키에게) 사실 당신의 설명은 몹시 당혹스럽습니다. 대체 무엇 때문에 가구와, 그것을 구성하는 부품을 구별하려는 겁니까? 그것은 같은 것 아닙니까?

비앙키 : 죄송하지만 가구와 그 부품은 전혀 별개의 것입니다. 그러니까 만약 이 물건이 저 물건과 다른 성질을 지녔다면 이것은 저것과 다르다는 라이프니츠의 법칙에 따라 두 개는 다른 실체로 간주되어야 합니다. 예를 들어 판사님은 제가 찬장을 분해해서 흩어진 부품들을 로씨 부인에게 인도했을 때, 부인에게 불평할 권리가 충분히 있다고 생각하실 겁니다.

판사 : 물론이죠!

비앙키 : 그 이유는 찬장은 분해했을 때에는 더 이상 찬장이 아니기 때문입니다. 하지만 부품은 계속 존재합니다. 여전히 모두 다 거기 있는 거지요. 따라서 우리는 찬장이 '두 개'의 실체라는 결론에 이르게 됩니다. 이 두 실체 중 한 개만이(부품들), 찬장을 분해했을 때에도 생존하게 되는 겁니다. 우리 비앙키 가구점에서는 바로 이 서로 다른 두 개의 실체를 함께 팔고 있습니다. 우리 가구점에서 팔고 있는 모든 가구가 그렇습니다. 우리는 그 사실에 자부심을 느낍니다. 부품들을 손님이 조립할 수 있도록 부품만 따로 파는 경우는 없습니다. 부인이 구입한 찬장의 경우 부품 값 1,000유로, 찬장 값 1,000유로를 내야 합니다. 총 2,000유로지요.

판사 : 무슨 말인지 알겠어요. 당신은 찬장은 찬장 그 자체와 그것을 이루고 있는 부품이 각기 다른 성질을 가지고 있으므로 찬장은 그 부품과는 다르다고 주장하고 있습니다.

비앙키 : 바로 그겁니다. 그들은 생존 조건이 다릅니다. 또다른 예가 있습니다. 찬장은 비더마이어 양식이지만 각각의 부품들은 특별한 스타일이 없습니다.

판사 : 알겠습니다. 내가 이해할 수 없는 것은, 그렇다면 왜 값을 더 부르지 않느냐는 겁니다. 이럴 경우, 내가 보기에는 찬장과 그 부품으로 나누는 것 외에도 다른 여러 가지 것들로 구별할 수 있을 것 같군요. 예를 들면 찬장을 구성하는 모든 부품은 반으로 나눌 수 있습니다, 맞지요? 그러니까 찬장을 구성하는 부품들(나무 판, 서랍 장식, 그리고 다른 모든 것들)을 반으로 나눌 수 있습니다. 그리고 이것을

각 부품의 오른쪽, 왼쪽이라고 부를 수 있지요. 당신의 논리를 따르자면 한번 나뉘고 난 부품들은 이제 부품으로 존재하는 게 아니라 반으로 나뉜 그 부분들이 계속 존재하는 겁니다. 그러니 부품들과 그것을 반으로 나눈 것 사이의 생존 조건은 서로 다른 거지요. 내 말이 틀렸습니까?

비앙키 : 맞습니다. 전 거기까지 생각하지 못했습니다. 메모를 할 테니 잠깐만 기다려주십시오.

판사 : 당신이 잠깐만 기다리고 내 말을 들으십시오. 그러니까 우리는 찬장, 그 부품, 그 부품을 반으로 나눈 것들을 구별해야 합니다. 이건 시작에 불과합니다. 찬장의 각 부품들은 여러 가지 방식으로 나뉠 수 있으니까요. 오른쪽 왼쪽으로 반을 나눌 수도 있고 위아래로 반을 나눌 수고 있고 앞뒤로 나눌 수도 있습니다. 똑같이 세 부분으로 나눌 수도 있고 네 부분으로 나눌 수도 있지요. 그럼 우리는 이렇게 여러 가지로 자를 때마다 그 부품의 실체가 다 달라진다는 결론을 내릴 수 있습니까?

비앙키 : 사실…… 아주 흥미롭습니다. (판사의 말을 들으며 계속 메모를 해보려 애쓴다)

판사 : 그리고 이 각각의 실체들은 다 그 값을 가지고 있는 겁니까?

비앙키 : (메모를 멈추고 잠시 생각을 한다) 그러니까, 저는…….

판사 : 비앙키 씨, 이렇게 될 경우 당신의 찬장은 어마어마한 값이 나가게 될 겁니다.

로씨 : (투덜거리며) 세일을 해도 비싸겠군!

비앙키 : 죄송한 말씀입니다만 판사님. 판사님은 찬장을 갖기 위해서는 각각의 부품을 갖는 것만으로는 충분하지 않다는 점에 동의하시지요? 하물며 반으로 잘린 부품 혹은 수천 조각으로 잘린 부품으로는 더 말할 필요도 없을 겁니다.

판사 : 동의해요. 내가 지금 문제삼으려는 것은 이런 관념적인 구별이 실제적인 구별로 이어진다는 당신의 신념입니다. 예를 들어 관념적으로는 한 개인인 나와 판사인 나 사이에 큰 차이가 있어요. 이건 사실이에요. 내가 어느 날 정년퇴직을 하면 판사 베르디에 대해서는 더 이상 이야기하지 않겠지만 마리아 베르디 부인이라는 서명은 계속 남을 거예요. 적어도 얼마 동안은 말이지요. 그렇다고 해서 지금 내가 앉은 이 의자에, 판사 베르디와 베르디 부인 두 사람이 앉아 있다고는 말할 수 없겠지요?

비앙키 : 어떤 의미에서는 그렇다고 할 수 있는데…….

판사 : 당신의 말이 궤변이라고 생각하지 않아요? 서로 다르게 규정되거나 묘사될 수 있는 한 개인이 이 의자에 앉아 있다는 건 모두가 다 아는 사실이에요. 이름과 그 이름에 관련된 사람에 대한 묘사는 시간이 흐르면서 다양해질 수 있어요. 그리고 어떤 묘사는 적절하지만 다른 것은 그렇지 않을 수 있지요. 하지만 그건 그리 중요한 게 아니에요. 이와 유사하게 나무 부품들은 찬장을 만들 수 있게, 혹은 조각으로 잘릴 수 있게 구성될 수 있어요. 처음 경우 그 부품들이 찬장이라고 말할 수 있기 때문에 그들을 찬장이라고 부르는 게 정확

합니다. 하지만 두 번째 경우는 아니지요. 따라서 우리가 서로 다른 '두 개의 사물'에 관계되어 있다고 말하는 당신의 주장은 정당하지 않습니다. 찬장은 어떤 식으로 배치될 수 있는 부품들의 총합일 뿐입니다. 그러므로 찬장을 사는 사람은 '그런 식으로 배치되어' 찬장을 만들어내는 부품들을 사는 겁니다. (바로 이 때문에 찬장을 구입한 사람은 분해된 찬장을 받았을 때 불평을 할 권리가 있는 겁니다) 당신은 찬장 값으로 1,000유로, 부품 값으로 1,000유로를 받고 싶어합니다. 하지만 계산서를 준비할 때 어쨌든 하나의 물건은 하나일 뿐이므로 가격은 1,000유로라는 것을 기억해야 합니다. 이상입니다.

하루를 기록하는 방법

　　그녀 : 이상하게 생긴 기계네. CD 플레이어인 줄 알았더니 전기 선이 당신 스웨터 밑으로 나와 있네. 뭐 하는 기계야?

　　그 : 홀터 모니터야. 24시간 동안 심장박동을 기록해 주는 기계지. 운동할 때 쓰려고. 예를 들면 오늘은 경사가 급한 곳에서 자전거를 20킬로미터 탔어. 그랬더니 내 심장박동이 모두 다 기록되었어. 그 렇게 해서 다음 훈련을 과학적으로 준비할 수 있잖아.

　　그녀 : 그런데 그 정보를 어떻게 볼 수 있어?

　　그 : 메모리 카드를 빼서 컴퓨터에 끼우기만 하면 돼. 컴퓨터 화면 의 도표를 좀 봐. 뿐만 아니라 24시간의 사이클을 끝냈으니 어떻게 기록되어 있는지 보여줄게. 자, 봐, 이게 오전 9시 30분의 내 심장박 동이야. 내가 쉬고 있기 때문에 박동이 매우 느려. 대신 여기는 자전

거를 타고 경사면에 오르고 있는 때인 것 같아. 130까지 올라갔잖아. 그리고 시간이 오후 2시 20분으로 옮겨갔잖아.

그녀 : 그렇지만 당신이 하루 종일 한 일을 모두 기억할 수 있어?

그 : 물론 어제 저녁부터 지금까지 나의 하루를 일기에 써야지. 여기서 적당한 일기 양식을 제공해 줬거든.

그녀 : 그러니까 일기를 읽으면서 당신은 하루의 매순간에 대한 심장박동을 그 일기와 관련시킬 수 있겠군. 심장 활동에 대한 완벽한 사진을 갖는 셈이네. 심장 활동에 변화를 주는 요인들이 모두 기록되어 있고.

그 : 맞아.

그녀 : 그런데…….

그 : 왜?

그녀 : 그런데 잠깐만. 당신 일기 좀 볼 수 있을까? 개인적인 이야기는 없을 것 같은데.

그 : 물론 없어. 봐도 돼.

그녀 : 그럼 볼까…… 오전 10시에서 10시 20분에 당신은 앉아서 공부를 했어. 10시 20분에 자리에서 일어나 브리오슈를 가지러 부엌으로 갔어. 10시 25분에는 다시 돌아와 의자에 앉아 10시 55분까지 공부를 했어. 좋아. 세 개의 시간대에 세 가지 행동을 했어. 그런데 이제 보자구…… 10시 55분에 브리오슈를 사러 집에서 나갔다가 11시 15분에 들어왔어. 이건 당신의 네 번째 행동이겠지. 하지만 내가 보기에는 부엌으로 브리오슈를 먹으러 간 것과 브리오슈를 사러 간

것에는 큰 차이가 있는 것 같아. 두 번째 경우 당신은 아주 많은 일을 했거든. 집에서 나가 계단으로 내려가 거리를 걸었어. 계산대 앞에 줄을 서서 브리오슈를 시켰고 브리오슈를 받아 돈을 내는 등등의 일을 한 거지. 어떻게 이 모든 것을 한 가지 행동이라고 할 수 있지?

그 : 당신 말이 맞아. 하지만 지금과 같은 추론은 부엌으로 브리오슈를 가지러 갔을 때도 해당되지 않을까? 일어나서 부엌으로 가서 찬장을 열고 브리오슈를 집어 입으로 가져가 그걸 씹었어. 이 경우에도 여러 가지 행동을 한 거잖아.

그녀 : 바로 그거야. 몇 가지 행동이 있었는지를 결정하는 건 뭐지?

그 : 내 생각에는 그 순간 내게 가장 중요해 보였던 행동에 따라 분류를 할 수밖에 없을 것 같은데.

그녀 : 어떤 의미에서는 당신 행동의 목적이 되고, 그리고 다른 행동들을 '지배하고' 거기에 '명령하는' 중요한 행동이 있을 거야.

그 : 그래, 그게 바로 기준이야. 중요한 행위에 대한 매일의 박동을 기록하기만 하면 되지. 내 기억으로는 심장박동을 증가시킨다고 생각한 행동을 모두 기록하려고 애썼던 것 같아. 물론 그 행동들의 대부분을 놓치긴 했지만 말이야. 자전거를 타고 갈 때 속력을 냈던 걸 생각해 볼 수 있어. 그것말고, 당신이 지적한 대로 의자에서 부엌으로 간 것을 기록해 놨지. 아마도 내가 오랫동안 한 장소에 머물러 있었기 때문에 부엌으로 이동한 게 중요하게 보였었나 봐. 혹시 장소에 따라 행동들을 분류할 수 있지 않을까?

그녀 : 심리학자들은 행위를 아주 작은 시퀀스로 나누는 방법을

면밀하게 연구했어. 언어의 영향이 드러나는 것 같아. 어떤 행위에는 그것을 묘사할 언어가 있는 반면 그렇지 못한 행위도 있어. 그러니까 우리는 우리가 언어로 지칭할 수 있는 것에 따라 하루 행위의 시퀀스를 나누게 되는 거지.

그 : 케네스 골드스미스라는 미국 예술가는 자신의 하루 행동을 모두 기록한 일기를 출판했어. 브리오슈를 먹는 행위만이 아니라 팔을 들어 브리오슈를 입에 가져가는 동작까지 모두 기록한 거지.

그녀 : 난 그 사람이 자신의 행동을 모두 기록할 수 있었으리라고는 생각하지 않아.

그 : 무엇 때문에?

그녀 : 한번 생각해 봐. 당신은 브리오슈를 먹었어. 당신은 서기처럼 즉시 브리오슈를 먹었다는 사실을 기록했어. 그런데 당신이 모든 행동을 기록해야만 한다면, 브리오슈를 먹었다는 것을 기록한 뒤에 즉시 또 기록을 해야 하는 것 아닐까? 다시 말하면 당장, 브리오슈를 먹었다는 것(3)을 기록한 것(2)을 기록했다고(1) 기록해야만 하는 거 아냐? 이런 식으로 끝없이 이어지지 않을까?

그 : 그런 식이라고 해도 당신은 행동을 모두 기록하는 게 불가능하다는 것을 증명할 수 없어. 사실 하루가 끝나고 나서 모든 행동을 기록하게 될 테니까. 그것이 비록 내가 썼다는 것을 썼다는 것을 쓰는 것으로 그치고 말더라도……. (몇 번이나 이 말이 되풀이될지 아무도 모르지) 어쨌든 하루의 끝에서는 쓰는 것말고 다른 일은 하지 않을 테니까. 진짜 문제는 다른 것 같아. 내가 브리오슈를 먹었다고 썼어.

이때 "내가 브리오슈를 먹었다"라는 완전한 문장을 썼다고 어떻게 가정할 수 있지? 난 '내가'라는 말을 썼다고 쓸 수도 있고 '먹었다'라는 말을 쓸 수도 있고 '하나'라는 말을 썼다고 쓸 수도 있고 마지막으로 '브리오슈'를 썼다고 쓸 수도 있어. 그리고 '내가'라는 말을 썼다고 쓴 뒤로 곧 '먹었다'라는 말을 썼다고 쓸 수도 있고…… 이런 식으로 무한히 이어지는 거지.

그녀 : 문장이 아니라 단어로 묘사하는 방법을 택한 이유는 뭐야?

그 : 이유는 없어. 이게 요점이야. 나는 분명 글자 하나씩을 따로 떼어서 묘사할 수도 있어. 'ㄴ'을 쓰고 'ㅐ'를 썼다고 할 수도 있지. 사실 내가 브리오슈를 먹었다는 것을 기록하는 행동을 기록하기 위해 글을 쓰는 방법으로는 이것은 '적당하지' 않아. 내가 행동한 것을 기술하는 데 '적절한' 묘사는 없어. 그래서 난 금방 무기력해질 수도 있어!

그녀 : 바로 그거야. 그러니까 하루의 모든 행위를 기록한다는 임무는 불가능하다는 거지. 한 방안에 있는 물건들의 숫자를 정확하게 정의할 수 없듯이, 한 사람이 행한 행위의 정확한 숫자를 결정할 수 없는 거야.

그 : 그렇지만 홀터 테스트는 모든 행동의 기록을 요구하지 않아. 의사에겐 광범위한 기술 정도면 충분해.

그녀 : 그럼 테스트를 받는 사람은 어느 정도는 기록 교육을 받는 게 좋겠네. 자기 하루를 얼마나 세부적으로 기술해야 할까?

열세 번째 줄의 미신

(스튜어디스의 목소리) 안전벨트를 매주십시오.

승객 : 안녕하십니까, 실례지만 좀 지나가겠습니다. 제 자리로 가려구요. 14 K. 여기군요. 편안히 앉아야겠습니다. 긴 여행이라서요.

그 : 그렇지요, 긴 여행이지요. 제 생각에도 너무 긴 것 같습니다. 저는 비행기를 타면 늘 신경이 예민해진답니다. 미신이겠지만 그래도 열세 번째 줄에 앉지 않게 되어 다행이군요!

승객 : 선생을 당황스럽게 만들 생각은 없지만 이 줄이 열세 번째 줄입니다.

그 : 뭐라구요? 열네 번째 아니었나요?

승객 : 여기 이 위에 쓰인 숫자는 14지요. 그렇지만 우리 앞 열의 숫자를 보십시오.

그 : 12군요! 우리가 열두 번째 열 뒤에 앉아 있는 거네요! 그러니까 '14'라고 쓰여 있기는 하지만 열세 번째 줄에 앉아 있어요. 자리를 바꾸고 싶군요…….

승객 : 자리를 바꾸고 싶어한다는 건 선생이 관념주의자라는 뜻이지요. 선생은 숫자가 그것의 이름과는 별도의 것이고 별개로 존재한다고 생각하시지요, 맞습니까?

그 : 제가 관념주의자인지 아닌지는 모르지만 미신을 믿기는 합니다. 그리고 지금 이 열이 열두 번째 열 다음이라면, 항공사에게 이 자리를 뭐라고 부르든 상관없이, 내가 원치 않는 자리에 앉아 있는 것 같은 기분이 드는 걸요. 뿐만 아니라 속은 것 같은 생각도 듭니다. 선생이 아니었다면 나는 계속 열네 번째 줄에 앉아 편안한 여행을 하고 있다고 생각했을 테니까요.

승객 : 그렇지만, 선생이 미신을 믿는 분이라고 해도 이건 별로 걱정할 일은 아닙니다. 아마 열세 번째 열이 있었겠지만 항공사에서 그 열을 제거하고 열두 번째 열과 열네 번째 열 사이의 공간을 없앴을 겁니다. 아마도 이 항공사의 격납고 어딘가에 비행기에서 떼어낸 열세 번째 열의 의자들이 모두 쌓여 있을 겁니다.

그 : 사실은 영화관에 있겠지요. 전 항공사에서 미신을 믿는 고객들을 위해 그런 일을 했을지 의심이 갑니다. 그 사람들은 그저 이 숫자가 사라지기만 하면 된다고 생각해 숫자를 없애는 것으로 그쳤을 겁니다. 철학적인 속임수지요.

승객 : 사실입니다. 그걸 불평하는 승객이 아무도 없다는 게 저는

놀랍습니다.

그 : 정말 이름이 문제라면 항공사에서는 13열을 그대로 놔두고 '12-2'라고 쓰거나 '숫자 없는 열'이라고 쓸 수도 있었을 겁니다. 제가 알기로는, 이와 같은 이유 때문에 뉴욕의 고층 건물 대부분에 12-2층이 있습니다.

승객 : 생각해 보십시오. 지금 저는 130층짜리 고층 빌딩인 문화 팰리스를 건축하고 있는 대도시로 가고 있는 중입니다.

그 : 완전히 새로운 바벨탑이로군요.

승객 : 설계 단계에서부터 이런 유형의 문제에 얼마나 많이 부딪히는지 선생은 모르실 겁니다. 이탈리아인들은 17층을 좋아하지 않고 미국인들은 13층을 싫어합니다. 그러니 우리는 3층, 7층, 48층 등의 많은 층들을 건너뛰고 설계해야 합니다. 각 나라들은 문화가 달라서 불운을 가져온다고 생각하는 숫자가 다 다릅니다. 뿐만이 아닙니다. 유럽인들은 층을 셀 때 1층은 세지 않지만 미국인들은 지층이 바로 1층입니다. 그래서 우리는 16층, 12층을 건너뛰어야 합니다. 이런 식이 되는 거지요.

그 : 그런데 어떻게 층을 '건너뛰었습니까?' 항공사에서 그런 것처럼 그저 건너뛴 척한 건가요?

승객 : 아닙니다. 우리는 조사를 했고 세계 인구의 70퍼센트가 선생처럼 관념주의자라는 결론을 얻었습니다. 그래서 마지막에 그 층들을 공간으로 남겨둔 겁니다. 열려 있는 공간이고 건축상의 구멍이 된 겁니다. 멀리서 보면 문화 팰리스는 레이스처럼 보일 겁니다.

그 : 그럼 '미신 팰리스'라고 빌딩 이름을 바꿔야 할 겁니다. 모든 사람들을 만족시키기가 쉽지 않다는 건 인정합니다. 미신이 사물보다는 상징에 더 결부되어 있는 건 바로 이 때문이겠지요. 결국 우리의 대화 때문에 전 더 신경이 날카로워지고 말았어요. 어떤 음악 프로그램이 준비되어 있는지 봅시다. 여기 있군요. 말러의 「대지의 노래」군요. 좋아요. 아주 편안하군요.

승객 : 이런 말씀을 드려도 된다면 불길한 우연의 일치군요. 9번 교향곡까지밖에 못 쓰고 죽은 작곡가들(베토벤, 슈베르트를 예로 들 수 있습니다)의 최후를 알고 있던 말러는 8번 다음의 교향곡을 「대지의 노래」로 결정하고는 서둘러 다른 교향곡을 쓰려고 했습니다. 다음 교향곡을 절반까지…….

그 : 지금 우리가 9번과 10번 교향곡이라고 부르는 것 말입니까? 그러면 우리는 10번과 11번이라고 해야 할 것 같군요. 세상에, 숫자의 형이상학에 주의를 기울이지 않으면 미신이라는 게 정말 아무 쓸모도 없는 것 같습니다.

승객 : 바로 속임수가 제 기능을 하는 경우를 제외하고는 그렇습니다. 말러는 자신의 '9번'이 청중에게 연주되기 전에 세상을 떠났습니다.

취소된
기차

    (스피커) 승객 여러분께 알려드립니다. 수도로 가는 17시 02분 기차의 운행이 취소되었습니다.

    그 : (혼자말로) 이거 문제군. 저녁식사 시간에 맞춰 도착할 수 있을 거라고 생각했는데. 열차가 언제나 그렇지 뭐! 계획대로 할 수 없게 한다니까.

    옆의 부인 : 걱정이에요. 대체 17시 02분 기차에 무슨 일이 일어난 것일까요?

    그 : 실례지만 그게 무슨 말씀이십니까?

    부인 : 방송에서 기차가 취소되었다고 했잖아요.

    그 : 저도 들었습니다. 그래서 화가 나고요. 부인도 수도에 가십니까?

부인 : 그렇답니다. 하지만 문제는 그게 아니에요. 난 기차를 아주 좋아해요. 그런데 그 기차 중 한 대가 취소되었다니 온 몸이 떨려와요. 그 기차가 어떤 종말을 맞게 될까요? 찌그러질까요? 불태워질까요? 땅에 묻힐까요?

그 : 미안합니다만 부인은 지금 기관차와 객차로 된 구체적인 기차가 취소되었다고 생각하시는 건 아니겠죠?

부인 : 그럼 운행 취소가 될 수 있는 게 기차가 아니면 달리 뭐가 있나요? 제가 아는 바로는 선생님이 제게 기차에 대해 말씀하실 때는 객차와 의자와 창문이 달린 기차를 이야기하는 거예요. 전 추상적인 기차를 타고 여행을 해본 적이 한 번도 없답니다. 그러니까 역에서 17시 02분 기차가 취소되었다고 말하면 저는 객차, 의자, 창문들이 취소되었다고 상상을 하는 거죠. 걱정이 돼요.

그 : 그러면 부인은 철학자들이 유명론자라고 부르는 그런 분인가 보군요. 구체적인 실체로 존재하는 것만을 믿는 거죠.

부인 : 그럼 선생님은 혹시 추상적인 기차를 믿나요?

그 : 물론입니다. 언어는 지금 보듯 9번 철로에 도착하는 기차같이 구체적인 사물을 지칭할 수도 있고, 매일 이 시간 9번 철로에 도착하는 기차처럼 추상적인 기차를 지칭할 수도 있는 겁니다. 구체적인 기차들은 기술적인 면에서 폐차가 될 수도 있지만 기차 한 대가 취소되었다고 할 때는 구체적인 기차가 아니라 추상적인 실체가 빠지는 겁니다. 기차라는 어떤 유형이 빠지는 거지요.

부인 : 취소된 기차들이 추상적인 실체라면 정말 걱정할 일이죠.

선생님이 말한 의미에서 17시 02분 기차가 취소되었다면 그것은 17시 02분에는 더 이상 수도로 가는 기차가 오지 않을 거라는 뜻이 될 테니까요. 결코 말이에요.

그 : 제가 말을 정정하겠습니다. 취소된 건 어떤 유형의 사건입니다. 매일 17시 02분에 예측된 사건이 있었지요. 바로 수도를 향해 기차가 떠나는 겁니다.

부인 : 전 당신 생각에 수긍할 수 없어요. 제 생각에는, 기차는 사건이 아니라 강철로 만들어진 사물이거든요. 어쨌든 선생님은 지금 구체적인 사건을 말하는 건가요, 아니면 추상적인 사건인가요? 달리 말하면 당신은 17시 02분 기차를 자주 타시나요?

그 : 가족에게 돌아가기 위해 금요일마다 탑니다.

부인 : 하지만 그건 매번 다른 사건이라고 인정하셔야 할 거예요. 그러니까 취소된 실체가, 그 역시 하나의 사건으로 취급된다면 그것은 추상적인 실체가 아니라는 사실에 동의하시게 될 거예요. 그건 그 방식대로 구체적이고 되풀이할 수 없는 실체예요. 만일 선생님이 내일 17시 02분에 출발한다면 그것은 빠진 기차를 타고 떠나는 것과는 전혀 다른 사건이 될 거예요. 그건 다른 출발이 될 거예요.

그 : 부인은 17시 02분 기차를 자주 타시나요?

부인 : 여기 아주 꼼꼼하게 기록한 수첩이 있어요. 정확한 목록을 만들어놓았지요. 보세요, 지난주 금요일에 난 17시 02분에 수도를 향해 출발하는 기차를 탔어요. 2주 전 금요일에 17시 02분에 수도로 출발하는 기차를 탔어요. 3주 전 금요일에……

그 : 알겠습니다. 부인의 유명론은 부인이 타고 여행하는 기차들의 것보다 더 튼튼한 강철과 같군요. 부인은 정말 제가 말하듯이 수도로 가는 17시 02분 그 기차를 항상 탔다고 말씀하시고 싶어하지 않는군요. 그런데 부인이 추상적인 유형의 것들에 대해 말하기를 거부한다면 그것을 말해야 할 때 부인의 뜻을 어떻게 이해시킬 수 있습니까? 매번 구체적인 사물이나 특별한 사건이 담긴 긴 목록을 꺼내 보여야 할 겁니다.

부인 : 말하는 데는 전혀 문제가 없어요. 당신이 좋아하는 대로 제가 매주 금요일에 '같은 기차'를 탔다고 말할 수도 있어요. 하지만 이건 아주 근사치에 가까운 의미를 가진 거죠. 그건 마치 제가 친구들의 강요로 항상 '똑같은 음식'을 먹을 수밖에 없다고 친구들에게 불평할 때와 같은 의미예요. 계속 제 입안으로 들어왔다가 나가는 음식에 대해서는 분명 언급하지 않고 있어요.

(스피커) 17시 02분 수도로 가는 819호 열차가 17시 45분에 출발할 예정입니다.

그 : 들으셨죠? 문제를 해결한 게 틀림없습니다.

부인 : 선생님 말이 맞았길 바랍니다. 하지만 어떻게 그렇게 확신하죠? 이미 우리 기차는 취소되었을 거예요. (한숨을 쉰다) 그래서 지금 우리에게 다른 기차를 타달라고 부탁하는 거고.

참견쟁이 : 실례합니다. 전 유명론자는 아니지만 부인의 의견에 동의합니다. 신사분이 말한 추상적인 기차가 이 기차라고 생각한다 해도 이게 아까 그 기차와 같은 기차라고 우리에게 자신 있게 말해

줄 수 있는 사람이 어디 있겠습니까?

그 : 무슨 말씀입니까?

참견쟁이 : 17시 45분에 떠나는 기차가 어떻게 17시 02분에 떠나는 기차입니까?

그 : 819호 기차라고 방송에서 알리지 않았습니까. 그건 바로 17시 02분에 떠나야 했던 그 기차 호수에요. 그 기차가 바로 '819호 기차'입니다.

참견쟁이 : 이름은 신경쓰지 마세요(그렇지 않았다는 우리가 유명론자가 되니까요). 문제는 이름 붙여진 실체예요. 정말 같은 기차일까요? 간단히 말해 기차의 성질을 결정하는 특징 중 하나가(17시 02분 출발이라는) 무대에서 사라졌습니다. 생각해 보십시오. 만일 지금 기차가 원래 기차보다 더 많은 정거장에 서게 된다면 이 기차를 같은 기차라고 할 수 있습니까? 만일 예상했던 것보다 객차의 수가 몇 개 줄었다면요? 열차 시각표에 적혀 있는 것과는 다른 철로에서 출발한다면요?

그 : 제가 보기에는 기차가 43분 지연되었다는 사실은 전혀 특별한 의미가 없는 것 같습니다. 아니 오히려 나는 수도로 가는 17시 02분 발 819호 기차가 절대 17시 02분에 떠나지 않는다고 말씀드릴 수도 있습니다.

참견쟁이 : 그렇지만 기차가 43분 미리 출발할 수도 있다는 사실을 그리 쉽게 받아들일 수 없다는 점을 한번 생각해 보십시오. 우리는 절대 그 기차가 같은 기차라고 말할 수 없습니다.

그 : 그렇지만 기차들이 미리 출발하는 경우는 결코 없습니다.

참견쟁이 : 그러면 819호 기차가 어떤 이유 때문에 24시간 지연되어 '다음날' 17시 02분에 수도로 떠났다고 가정해 봅시다. 이게 같은 기차라고 말할 수는 없을 겁니다.

그 : 제가 뭘 알겠습니까? 부인에게 여쭤보시지요. 제가 보기에는 수도로 떠나는 17시 02분 기차는, 그것이 비록 원하는 곳에서 원하는 때에 출발한다 해도, 수도로 떠나는 17시 02분 기차라고 알렸을 겁니다.

부인 : 정말 어리석은 생각이에요. 저는 기차의 실체는 객차, 좌석, 그리고 객차를 이루는 창문의 실체에 의해 결정되어야 한다고 생각해요.

참견쟁이 : 제가 보기에는 두 분 다 정상이 아닌 것 같군요. 추상적 기차니 구체적 기차니 이런 문제를 떠나서 저처럼 해보시는 게 어떨까요. 전 항상 버스를 탄답니다.

지구의 새로운 위성들

그녀 : 이것 좀 들어봐. "개념이란 무엇인가? 가장 그럴 듯하게 말해 개념은 사물의 등급을 결정짓는 것이다(이 등급은 단 하나의 요소만으로도 구성될 수 있다. 예를 들어 '지구의 위성'이라는 개념은 단 하나의 구성 요소인 달만을 가지고 있는 등급을 결정한다)."

그 : 뭐라고? 지구에 위성이 하나밖에 없다는 거야?

그녀 : 물론이지. 많은 위성을 가진 목성 같은 행성들이 있지만 지구의 위성은 달밖에 없어.

그 : 그럼 인공위성들은?

그녀 : 맞아. 어떤 의미에서는 인공위성들도 지구의 위성이라고 할 수 있겠네. 어쩌면 오로지 달이라는 구성 요소 하나만 가지고 있는 등급을 정의하려면 '지구의 자연 위성'이라는 개념을 사용해야

할지도 모르겠어. 지구의 자연 위성은 정말 하나이기 때문에 이렇게 수정될 수 있을 거야.

참견쟁이 : (옆으로 달려가다가 마지막 말을 듣고 먼지 구름을 일으키며 걸음을 늦춘다) 오, 아닙니다. 훨씬 더 많은 자연 위성들이 있습니다. 저는 24개의 위성을 궤도 속에 발사시킨 회사에서 일하고 있습니다.

그녀 : 그래서요? 당신네 회사에서 위성을 쏘았다면 그건 자연적인 게 아니라…… 궤도에서 이전보다 더욱 인공적인 24개의 위성들이 떠돌겠지만 지구의 자연 위성은 달밖에 없어요.

참견쟁이 : 천만의 말씀입니다! 우리 회사에서 궤도에 진입시킨 위성들은 사람이 살지 않는 지역에 흐르는 넓은 강의 바닥에서 찾아낸 큰 돌멩이들입니다. 우리는 당연히 의심을 예상했고 그것을 불식시킬 만큼 최대한 자연스러운 돌을 고르느라 신중을 기했습니다.

그녀 : 정말 이상한 생각이군요. 어떤 이유로 궤도에 돌멩이를 쏜 거죠?

참견쟁이 : 그건 관념적인 예술품입니다. 지금 돌들은 정지 궤도에 있습니다. 그것들은 밤 속으로 들어갔다 나왔다 하며 시간을 알리는데 시간은 지구의 거대한 그림자에 불과합니다. 매시간이 하늘에서는 하나로 나타나는 거지요.

그녀 : 매우 시적이고 교육적인데요. 그렇지만 이런 예술적인 측면이 있다 해도 그것들은 인공위성이고 인공위성으로 남습니다.

참견쟁이 : 왜 그런 겁니까? 내가 만약 이 큰 돌을 집어 그것을 옮긴다면 내가 인위적인 행위를 한 게 됩니까?

그녀 : 아니요. 돌을 옮기는 것은 의미적으로 그것을 변형시키지 않습니다. 물론 당신이 거기에 조각을 한다면…… 석상은 분명 인공물이고 인위적인 무엇이니까요.

그 : 나도 동의합니다. 석상은 그저 돌덩이, 형상을 새긴 돌조각이라고 생각하는 철학자들이 있습니다. 그렇지만 어찌되었든, 석상이든 돌이든(형상이 만들어지고 난 뒤에는) 인위적으로 정성을 들여 다듬은 물건입니다.

참견쟁이 : 그렇지만 오브제 트루베(사람의 손이 가지 않은 미술품 - 옮긴이)를 만드는 예술가는 자연스럽게 배치되어 있는 사물(돌, 깃털)을 옮겨서 미술관에 갖다 놓습니다. 거기서 사물은 예술품이 됩니다. 때로는 사물의 자리를 옮겨놓는 것만으로도 예술 작품이 되는 경우도 있습니다.

그녀 : 때로는 그렇지요.

참견쟁이 : ……하지만 이 사물이 인공적인 대상이라는 것을 의미하지는 않습니다. 만일 관념적인 예술가가 어느 날 밤 친구들을 테라스에 초대해 달을 가리키며 이렇게 말합니다. "20초 동안 달이 일시적인 예술 작품의 일부가 될 거야." 그러면 사람들은 달이 '예술의' 대상이 되었다고 생각할 수 있습니다. 그러나 그렇게 했다고 해서 예술가가 달을 '인공적인' 대상으로 바꿔놓았다고 얘기할 수 있습니까?

그녀 : 아니죠. 예술가는 물질적으로 개입을 해야만 해요. 차이를 만드는 것은 궤도에 있어요. 당신의 예술가는 달을 인위적으로 궤도

에 넣지 않았을 걸요. 하지만 당신은 그렇게 했어요. 당신의 24개의 돌들은 자신들에게 완전히 부자연스러운 장소에 있어요. 바로 그 때문에 전 그 돌들을 인공위성이라 부르고 싶어요.

참견쟁이 : 아리스토텔레스에 따르면 돌들은 자신들에게 자연스러운 장소에 도달하려고 애쓰기 때문에 아래로 떨어지려는 경향이 있습니다. 당신이 제시한 이론은 매우 아리스토텔레스적이군요. 그러면 당신은 모든 사물에 자연스러운 장소가 있다고 생각하십니까? 이런 생각을 우리 논의에 적용시킨다면, 돌을 하나 공중으로 던지기만 하면 그 돌이 인공적인 대상이 되고 말겠군요.

그녀 : 당신의 돌들이 인공적인 '대상물'이라고 말하지 않았어요. 전 인공 '위성'들이라고 했죠. 거기엔 큰 차이가 있어요.

그 : 맞습니다. 두 개념은 서로 다른 것들입니다. 하지만 난 당신의 돌들은 인공위성도 아니라고 말하고 싶습니다. '인공위성'이라고 불리는 것들은 전혀 다른 것들입니다. 인공위성이란 금속으로 둥글게 만들어졌고 작은 프로펠러와 안테나 등이 달려 있습니다. 궤도에 진입하지 못한 위성들도 몇 개 있지만 그래도 인공위성들은 남아 있습니다.

참견쟁이 : 두 분께 분명히 말씀드리지만 우리 회사에서 발사해 궤도에 진입시킨 돌들은 그런 괴상한 기계와 아무 상관이 없습니다.

그녀 : 인공위성 개념을 너무 쉽게 분석해서는 안된다는 점에 동의해야만 할 것 같아요. 땅에 있는 것들처럼, 위성이 아닌 인공위성들이 있어요. 그리고 당신의 돌처럼 인공위성은 아니지만 인위적으

로 궤도를 돌고 있는 위성들이 있구요.

그 : 그러니까 그 돌들은 인공적인 대상물도 인공위성도 아니라는 겁니다.

그녀 : 맞아요. 그게 자연 위성일 수 있다는 의미는 아니에요. 아니 그건 절대 자연 위성이 아니라고 생각해요. 위성들이 있고 자연적인 위성이 있지만, 사실에는 변함이 없어요. 지구의 유일한 자연 위성은 달뿐이에요.

사고의 전환점마다 고집스레 자신의 문제를 제기하고자 하는 형이상학을 독자가 피할 수는 없을 것 같다. 하나와 다수의 문제는 철학자들을 괴롭혀 왔다. 다수에 자신을 맡긴다는 것은 그들과 사물을 연결해 주는 것을 시야에서 놓치게 된다는 것을 의미한다. 하나를 택한다는 것은 더 이상 사물을 다양하게 볼 수 없다는 사실을 용인하는 것이다. 이렇게 말하면 상황이 불가해 보인다. 그리고 수없이 많은 철학 서적들이 이 문제의 결론을 얻기 위해 집필되었다는 데에는 의심의 여지가 없다. 하지만 그런 책을 읽기는 그리 쉬운 일이 아니다.

아메바처럼 살아 있는 형상(비록 보잘것없지만)뿐만 아니라 인공물, 예술 작품, 사건들을 포함하는 우리의 짧은 포물선은 몹시 당혹스러운 상황들을 예시하는 것으로 끝나는 것이 아니라 그 해결책도 제시하게 될 것이다. 독자들이 분명 최대한 관심을 기울이게 될, 행간에 숨어 있는 전략은 몇 가지 형이상학적 문제를 언어의 문제로 보게 하는 것이었다.

종종 사물들은 우리가 그것을 기술하는 방법에 따라 하나나 다수로 보인다. 판사는 자신이 두 개의 다른 이름으로 불린다는 단순한 사실 때문에 자신을 둘로 인정하는 게 아니라, 자신은 하나의 존재일 뿐이라고 단언한다. 우리의 관념을 반영하기에 적합한 이름을 부여한다는 것은 쉬운 일은 아니라는 것이, 우주 궤도에 돌을 쏘아놓은, 지칠 줄 모르는 참견쟁이의 우스꽝스러운 프로젝트가 주는 교훈처럼 보인다. 이제 다음 논쟁에 이르렀다.

논쟁 6 라운드

'미시오' 앞에서는 민다
똑똑한 사전의 오류
여행자용 그림책
문방구들의 할말

이 장에서는 사물들에 정확한 무게를 부여하며 자제할 줄 모르는 참견쟁이를 자제시키기 위해 굉장한 노력을 기울인다. 참견쟁이는 한 이미지가 수많은 단어와 같은 게 아니라 하나의 단어가 수많은 이미지와 같다는 믿음과는 반대 의견을 가지고 있다. 마지막으로 변덕스러운 뚜껑이 등장하고 사전을 편집하는 일의 어려움에 대해, 겉으로 보기는 아주 무의미한 논쟁이 진행된다.

점원 : 어서 오십시오. 손님, 무엇을 도와드릴까요.

그 : 안녕하십니까. 지나가다가 당신네 요청을 받아들이게 되었습니다.

점원 : 무슨 요청 말씀이십니까?

그 : 이 출입문으로 들어와 달라는 요청이지요.

점원 : 죄송하지만 무슨 말씀인지?

그 : 간판에 이렇게 적혀 있더군요. "마카니 가 15번지로 들어오세요." 여기가 마카니 가 15번지 아닙니까?

점원 : 아, 그렇습니다, 죄송합니다, 무슨 말인지 몰랐군요. 지금 우린 공사 중이고 이 가게는 일시적으로 타미지 가에서는 들어올 수 없게 되었어요. 그런데 제가 무엇을 도와드리면 될까요?

그 : 모르겠습니다. 전 당신들이 이 문으로 들어오라고 권유한 이유를 묻고 있는 겁니다.

점원 : 아까 말씀드렸듯이, 타미지 가의 출입문은 공사 때문에 폐쇄되어서……

그 : 됐어요! 그 말뜻은 분명히 알아들었으니까요. 내가 이해하지 못한 것은 왜 지나가는 행인들에게 이곳으로 들어오라고 권유하느냐는 겁니다. 제가 조금 바쁘기도 하니까 요점만 말씀해 주시면 감사하겠습니다.

점원 : (의심스러운 듯, 그러나 여전히 친절하게) 보십시오. 저희는 어느 누구에게도 요구한 적이 없답니다. 간판은 우리 상점을 방문하고 싶어하는 분들을 위한 겁니다. 손님께서 들어오고 싶지 않으신데 꼭 들어와야 할 의무는 전혀 없습니다. 그걸로 끝입니다.

그 : 만일 그 간판이 특정 사람들만을 위한 것이라면 왜 그 사실을 분명하게 밝히지 않는 겁니까? 제 생각에는 "프레미아타 리벤디타 카스톨디에 들어오실 분은 마카니 가 15번지로 입장해 주십시오"라고 쓰여 있었다면 제가 들어올 일은 없었겠지요. 저는 예를 들어, 이 가게에 들어오고 싶지 않았습니다(이런 가게가 있는지조차 몰랐으니까요). 저런 문구가 쓰여 있었다면 난 그 가게에 들어가지 않아도 된다고 생각할 수 있습니다. 그렇지만 당신네 간판은 말 그대로 "마카니 가 15번지로 들어오세요"라고 적혀 있어요. 저건 명령입니다. 그 글을 읽으면서 나는 재판에 소환되는 것 같은 기분이었어요. 그 문장을 읽은 사람이라면 누구든 그랬을 겁니다.

점원 : 실례지만 손님은 그저 당연하게 받아들여야 할 일들이 있을 수 있다고 생각하지 않으십니까? 신호등이 '파란 불'이라고 해서 그때마다 필요 없는데 길을 건너는 건 아니지 않습니까? '미시오'라는 글이 쓰인 문이 나타날 때마다 그 문을 미는 건 아니지 않습니까?

그 : 대체 무슨 말씀입니까? 난 '미시오'라고 써 있으면 밀어요. 당연하지요. 그 순간 내 손에 잡히는 게 무엇이든, 그러니까 문이든 자동차든 밧줄이든 밀어요. 사람들이 미는 걸 원치 않았다면 무엇 때문에 '미시오'라고 써놨겠소?

점원 : 알겠습니다. 분명 이런 경우 메시지의 의미는 그것을 해석하는 사람 쪽의 입장에서 해석된다는 점을 예상해야 합니다. 이건 맹목적으로 따라야 할 명령이 아닙니다. 여기에 내포된 규칙은 '여러분은 담화의 목적에 관련되어 있다'라는 겁니다. 언어철학자들에 따르면 이것은 훌륭한 대화를 하는 데 필수적인 규칙 중 하나입니다. 그러니까 이건 모든 형태의 커뮤니케이션, 그리고 거리의 간판을 포함한 메시지에 적용할 수 있습니다.

그 : 뭐라고 중얼거리시는 건지 이해할 수가 없군요.

점원 : 제가 다른 규칙들도 상기시켜 드릴까요? 이런 관련성의 규칙말고도 적어도 세 가지 규칙이 있습니다. 첫째, 명료함의 규칙, 즉 모호하고 불분명하고 너무 복잡한 표현을 피하는 겁니다. 둘째, 진실성의 규칙, 즉 진실한 정보 그리고 증명할 수 있는 정보만을 제공하는 겁니다. 셋째, 양의 규칙, 즉 담화의 목적과 관련해서 필요한 만큼의 정보만, 많지도 적지도 않게 제공하는 겁니다.

그 : 지금 보니 당신이 과장을 하는 것 같군요. 내가 급한 일만 없다면 당신이 말한 그 문제에 대해 토론을 했을 겁니다. 오늘 당신 운이 좋은 날이오. 난 역으로 달려가야 하오.

점원 : (안도의 한숨을 쉬며) 어디로 떠나십니까?

그 : 내가 어떻게 알겠소? 이제 막 신문에서 항공사가 파업을 해서 기차를 이용해야 한다는 기사를 읽은 걸요!

똑똑한
사전의 오류

발신 : 독서위원회

존경하는 편집부 귀중, 우리는 포케파롤레 여교수가 편집한 『똑똑한 사전』 원고를 자세히 검토해 본 결과 이 원고의 출판이 적절하다는 의견을 주저없이 밝히는 바입니다. 편집자의 아이디어가 뛰어나므로 출판사는 불필요한 개념이 전혀 수록되어 있지 않고(그 결과 종이를 절약할 수 있고, 그래서 나무를 살릴 수 있습니다) 무엇보다 골치아픈 '되풀이의 문제'를 피할 수 있는, 세련되고 탄탄한 사전을 출판할 수 있게 될 겁니다. 우리 의견의 근거를 밝히겠습니다.

대부분의 사전은 되풀이되는 정의들을 수록하고 있습니다. 예를 들어 '행동'은 '행동의 결과'로, '행동하다'는 '행동으로 나타나는 것'이라고 정의되어 있는 사전을 하나 가지고 있다고 합시다. 행동이 무엇인지를 알고 싶어하는 사람이 있다면 그는 이미 그 말뜻을 알고 있어야만 합니다. 이러한 정의들이 되풀이되어 있고 그래서 그런 정의에는 정보의 내용이 전혀 담겨 있지 않습니다.

물론 모든 단어가 이런 식으로 정의된 것은 아닙니다. 예를 들어 우리는 아직 개가 인간의 가장 뛰어난 친구라고 정의되어 있고 인간은 개의 가장 훌륭한 친구로 정의된 사전을 발견하지 못했습니다. 그렇지만 되풀이 문제는 자주 등장하게 됩니다. 논리적인 훈련이 되어 있고 정확성에 민감한 사람에게는 이런 되풀이가 완전히 결함투성이로 보일 것입니다.

한편 이런 결함을 제거하기 위해서는 되풀이의 범위를 넓히는 것만으로는 충분하지 않다는 점에 주목해 주시기 바랍니다. 우리는 '행동'을 '행동자가 하는 일'로, '행동자'는 '행동을 하는 사람'으로, '행동을 하다'는 '행위의 실행'으로 정의할 수 있습니다. 또 다시 한 번 되풀이되고 있는 게 분명합니다. 우리는 사전들이 이렇게 정의하는 경우가 많을 거라는 의심을 하고 있습니다. 이런 되풀이를 숨기기 위해 그 범주를 넓히고 있는 겁니다. 그러나 문제의 본질은 사라지지 않습니다.

지금, 탁월한 포케파롤레 여교수께서는 독창적인 아이디어를 냈습니다. 우리는 — 교수의 말에 따르면 — 이미 그 의미를 모두 알고 있을 정도로 일반적인 정의들은 필요하지 않기 때문에 그런 단어는 모두 삭제해야 합니다. 그리고 우리가 생각한 대로 정의해야 합니다.

그렇지만 우리는 정의가 필요하지 않은 바로 그 단어들을 이용해서 그렇게 해보려고 합니다. 그렇게 해서 되풀이의 범주에 들어가는 것을 피할 수 있을 것입니다. 예를 들어 우리가 '행동'을 '사람이 행하는 것'이라고 정의할 경우 우리는 '사람'이라는 단어와 부딪히게 됩니다. 사람이 무엇인지는 모두 다 알고 있기 때문에 사전에서 '사람'에 대한 정의를 찾아볼 필요가 없습니다. 아무도 그 단어를 찾지 않기 때문에 우리는 그 단어를 사전에서 조용히 지워버릴 수 있습니다. 이건 정말 콜롬버스의 달걀 같은 것입니다.

발신 : 마케팅부

존경하는 편집부 귀중, 저희는 포케파롤레 여교수의 『똑똑한 사전』의 출판에 비판적인 견해를 표명하고 싶습니다. 우리는 대중과 비평가가 이 사전을 열어보고 '사람', '개', 혹은 '하늘'처럼 중요한 단어들의 흔적조차 발견하지 못했을 때 그들이 보일 반응을 생각해 보았습니다. 어떤 사전에 이렇게 많은, 그리고 방대한 공백이 허용될 수 있는 겁니까?

우리는 사전 편집자는 아니지만 사전이란 되풀이 '되어야만' 한다고 생각합니다. 단어들이 되풀이되지 않는 사전은 아무 쓸모도 없습니다. 이론적인 문제는 있겠지만 실용적인 면에서 되풀이는 축복과 같은 것입니다. 결함이 아니라 장점입니다.

추신 : 실례지만 콜롬버스의 달걀이 뭡니까? 사전 초고에서 우리는 그 뜻을 찾아내지 못했습니다.

발신 : 포케파롤레 교수

존경하는 편집부 귀중, 제게 독서위원회 편지와 마케팅부의 편지를 발송해 주서서 감사합니다. 저는 타협점을 제시하고자 합니다. 단어들을 모두 그냥 내버려두는 대신 모두 다 알고 있는 일반적인 정의를 수록하지 말도록 합시다. 이것만으로도 충분히 언어의 순환 고리를 깰 수 있을 것입니다.

추신 : 마케팅부의 마지막 질문에 대한 명쾌한 대답이 될 콜롬버스의 달걀이 제 앞에 있습니다. 정의는 아무 소용이 없고 '제시'가 필요한 경우들이 있습니다.

발신 : 출판국

사전에 '콜롬버스'라는 단어가 실려 있지 않기 때문에 '콜롬버스의 달걀'(비둘기 알이 아니라)은 수록되어 있지 않습니다(이탈리아어로 비둘기는 콜롬보이며, 콜럼버스의 이탈리아 이름도 콜롬보이다 – 옮긴이). 우리 사전은 일반 사전이지 백과사전이나 전화번호부가 아닙니다. 그러니 개인의 이름은 수록될 수 없습니다. 사전은 개념들을 정의해야 하며 사물들에 대해서는 이야기하지 않습니다. 그렇지 않다는 증거가 나올 때까지 '콜롬버스의 달걀'은 아킬레스 건이나 판도라의 상자와 마찬가지로 사물입니다.

발신 : 『똑똑한 사전』 구입자

출판사 귀중, 저는 제가 방금 구입한 『똑똑한 사전』을 반품하고자 합니다. 그러니 환불을 정중히 부탁드립니다. 저는 '콜롬버스의 달걀'이라는 표현의 의미를 사전에서 찾아보았으나 찾지 못했습니다. 제 형님들의 말에 따르면 그것은 제가 깊이 연구해야만 하는 개념이라고 합니다.

처음에 저는 '달걀'이라는 항목에서 찾으려 했으나 아무것도 찾지 못했습니다. 달걀이라는 말 자체도 찾지 못했습니다. 그래서 '콜롬버스'라는 항목을 찾아보았습니다. 이번에는 그 단어가 있었습니다. 하지만 그건 탐험가가 아니라 조류를 가리키는 것이었습니다. 더 정확히 말하자면 그 단어가 소문자로 적혀 있었기 때문에 조류와 관련이 있을 거라고 제가 '추론을' 했습니다. 사실 그 표현은 전혀 정의되어 있지 않았습니다. 대체 이 사전이 뭐가 똑똑하다는 것입니까?

발신 : 고객상담센터 책임자

친애하는 고객님, 우리 출판사 사전을 구입해 주서서 감사합니다.

안타깝게도 우리는 환불을 해드릴 수가 없습니다. 그렇지만 『똑똑한 백과사전』을 구입할 수 있는 신청 양식을 동봉해 드리겠습니다. 편안하게 다달이 할부로 내시면 됩니다. 고객님께서는 이 백과사전에서 '콜롬버스의 달걀'과 세계의 다른 문제들에 관련해 고객님의 흥미를 끌 만한 것들을 모두 찾아보실 수 있습니다.

불만이 제기되지 않도록 미리 알려드리자면, 일반적으로 백과사전은 사전에 실려 있는 중요한 단어들을 수록해서는 안된다는 게 우리 출판사의 방침입니다(백과사전에서는 '존재하다'라는 동사에 해당하는 말을 절대 찾지 못할 겁니다). 우리 출판사가 『똑똑한 사전』을 위해 남들과는 반대되는 길을 걷고 있다는 사실을 높이 평가해 주시기 바랍니다.

여행사 직원 : 시베리아 횡단 여행을 결정하신 것 같군요. 탁월한 선택이십니다. 여행이 힘은 들겠지만 아주 만족하실 겁니다.

그녀 : 무엇보다 언어 문제 때문에 걱정이에요. 난 러시아어를 한 마디도 못 하고 여행하는 동안 듣게 될 다양한 언어들도 전혀 모르거든요.

직원 : 그게 문제라면 간단한 해결책이 있습니다. (서랍을 열고 작은 책자를 하나 꺼낸다) 여기 있습니다.

그녀 : 이게 뭐죠?

직원 : 『여행자용 그림책』입니다, 아주 특별한 책이지요.

그녀 : 보여주세요…… 그런데 그림뿐이군요! 어린아이들 동화책 같아요.

직원 : 그렇습니다. 언어가 아무 쓸모없을 때가 종종 있답니다. 그러니까 제 말은 특히 그 언어를 모를 때는 무용지물이라는 거죠. 하지만 손님께서 말이 필요할 때 의사소통을 위해 이 책을 항상 이용하실 수 있습니다. 손님이 이름을 모르는 사물의 그림을 보여주기만 하면 되는 거죠.

그녀 : 알겠어요. 이 책에 그림으로 모두 다 그려져 있다는 거죠?

직원 : 예, 실제로 그릴 수 있는 것은 모두 들어 있습니다. 아마 행복이나 인플레이션에 대한 그림은 찾을 수 없을 겁니다. 그렇지만 관광객이 그런 말을 사용할 일은 그리 자주 일어나지 않으니까요.

그녀 : 그럼 빵이 필요하면…….

직원 : ……이 그림을 보여주기만 하면 됩니다. 보셨어요? 빵 종류가 다양하기까지 합니다. 바게트, 장미 모양 빵 등등 말입니다.

그녀 : 자전거가 필요하면요?

직원 : 찾아볼 테니 잠깐만요…… 여기 있군요. 시내에서 타는 자전거, 산악자전거, 세발자전거, 그리고 앞바퀴가 큰 옛날 자전거까지 있습니다.

그녀 : 환상적이에요. 이 책 얼마죠?

직원 : 얼마 안됩니다. 싸요. 5유로로 손님은 세계 공통 언어를 주머니에 넣어 가지고 다니실 수 있습니다.

참견쟁이 : (인사말도 없이 끼어들면서) 저 말 믿지 마세요. 돈만 버리는 겁니다.

직원 : 뭐라구요? 당신은 누구요?

참견쟁이 : 돈만 버리는 거라고요. 부인이 자전거를 보여주면 그 뒤에는 어떤 일이 벌어질까요?

직원 : 뭐라구요, 무슨 일이 벌어지는데요?

참견쟁이 : 자전거 그림을 보여주면서도, 부인이 뭘 원하는지 분명히 밝힐 수 없게 되는 겁니다. 그림을 보여주는 게 자전거를 사려는 뜻으로 보일까요? 자전거를 팔려는 건 아닐까요? 이 상점에서 부인이 자전거를 잃어버려 지금 그것을 찾으러 왔다는 뜻일까요? 아니면 부인의 아들이 그런 자전거를 가지고 있었고 그래서 자전거 그림을 보여주며 그 사람과 아들에 대한 추억을 함께 나누고 싶어하는 건 아닐까요? 아니면 이런 뜻일 수도 있어요. 제가 가진 이 책, 자전거 그림이 있는 이 책이 얼마나 멋진지 보세요! 다시 말하지만 자전거 그림을 보여주고 난 뒤에는 어떤 일이 벌어질까요?

직원 : 책이 우리를 도와줄 수 있습니다. 책에는 '사는' 사람을 위한 그림과 '파는' 사람을 위한 게 있으니까요. 먼저 '사는' 사람용 그림을 보여주고 그 뒤에 '자전거' 그림을 보여주기만 하면 되는 거죠.

참견쟁이 : 그 그림들을 볼 수 있겠습니까?

직원 : 물론입니다. '사는' 그림은 이거고…… '파는' 그림은 이겁니다.

그녀 : 똑같은 그림이네요! 한 손으로 부인에게 꾸러미를 주며 다른 손에는 값을 치를 돈을 들고 있는 신사 그림이군요.

참견쟁이 : 사실 그렇습니다. 그림이 똑같지만 저는 전혀 놀라지 않습니다. '사고' '파는' 그림 두 개가 어떻게 다를 수 있겠습니까?

직원 : 매매를 나타내는 화살표를 넣으면 되지 않을까요?

참견쟁이 : 문제는 화살표들이 관용 기호들이라는 겁니다. 화살은 판매를 가리킬까요, 구입을 가리킬까요? 아니면 둘 다일까요? 이게 끝이 아닙니다. 꾸러미를 사는 사람이 신사가 아니라 부인이라는 건 뭘 보고 아신 겁니까?

직원 : 신사가 돈을 받고 꾸러미를 주고 있는 반면 부인은 꾸러미를 받고 돈을 주는 것을 보고서요.

참견쟁이 : 하지만 이 그림을 볼 때 나는 정반대의 상황을 표현할 수도 있다고 생각했습니다. 신사가 돈을 주고 꾸러미를 받고 있으며 부인은 돈을 받고 꾸러미를 주고 있다고 말입니다. 그리고 '사는' 그림은 손으로 넘겨지고 있는 '꾸러미'를 나타내고 있습니다. 부인이 자전거를 구입하고 싶다는 것을 알리기 위해 두 개의 그림을 함께 보여주었다면 부인이 돈이 아니라, 꾸러미를 자전거로 대체해야 할 필요가 있다는 것을 어떻게 이해시키시겠습니까? 그리고 돈이 어떻게 그려져 있는지 보십시오. 제가 보기에 모노폴리 게임(부동산 매매 게임 – 옮긴이)을 할 때 쓰는 가짜 돈 같습니다. 만약 정말로 자전거를 산다면 모노폴리 돈으로 지불하는 겁니까?

직원 : 당신은 지금 문제를 복잡하게 만들고 있습니다.

참견쟁이 : 전혀 그렇지 않습니다. 한번 상상을 해보십시오. 시베리아 여행객이 도착해서 '사는' 그림을 당신에게 보여주는 겁니다 (물론 그 그림이 '파는' 그림이 아니라고 생각해야 합니다). 그리고 '자전거' 그림을 보여주는 겁니다. 당신은 어떻게 이해를 하시겠습니까?

어쩌면 여행객은 당신에게 자전거를 살 의향이 있을지도 모릅니다. 혹은 그의 대화 상대자인 당신이 자전거를 사주길 바라는 것일 수도 있어요. 두 경우 모두 똑같이 '사는' 그림을 사용해야 합니다, 맞죠? 그 밖에 다른 가능성도 수없이 많습니다. 어쩌면 관광객은 자전거 그림을 사고 싶은 건지도 모릅니다(혹은 당신이 그 그림을 사길 바랄 수도 있구요). 어쩌면 자기 고향에서는 자전거가 위험하기 때문에 자전거 사는 것을 '피하겠다고' 당신에게 말하고 싶은 것일 수도 있구요.

그녀 : 맞아요, '피하겠다는' 것을 말하는 그림은 어떻게 그리죠? '노'라고 말하는 그림은 어떻게 그리죠?

직원 : 자전거 그림을 보여주고 부정의 제스처를 하면 될 것 같은데요.

참견쟁이 : 부정의 제스처는 세계 각지에서 다 다르답니다.

직원 : 결론적으로 말해 당신은 이 책이 별 가치가 없다고 생각하는 겁니까?

참견쟁이 : 거의, 아니 전혀 없어요. 이 책의 저자들은 비트겐슈타인의 『철학적 탐구』를 읽었어야 합니다. 그 책에서 비트겐슈타인은 한 단어를 이해하는 것이 단어가 의미하는 사물의 이미지를 머리 속에 상기시키는 것과 같지 않다고 분명하게 말하거든요.

직원 : 무엇 때문이죠?

참견쟁이 : 이미지들은 그들 편에서 해석되어야 합니다. 해석되어야 한다면 이미지를 상기하는 건 별 쓸모가 없어지겠지요.

문방구들의 할 말

우리는 이 종이를 옛 동창의 서류들 속에서 찾아냈다. 우리가 '이 종이'라고 말하지만 이것이 최상의 표현인지는 알 수 없다. 물론 우리가 찾아낸 종이는 지금 여러분이 손에 들고 있는 인쇄된 종이가 아니라 다른 것이었다. 우리는 그 종이를 세심하게 베꼈고 우리 편집자가 예쁜 인쇄체로 바꿔놓았다. 그 종이의 첫부분은 얼룩이 졌고 알아보기 어렵게 휘갈겨 쓴 글씨가 적혀 있었으나 그 뒤로 글씨체가 또렷해졌고 단어들도 문장을 이룰 수 있게 연결이 되었다. 읽을 수 있는 내용은 이런 것이다.

손 : 다시 조금만 더 힘을 내자. 드디어 펜을 마음대로 통제할 수 있게 되었잖아. 이제 자유롭게 글을 쓸 수 있고, 정신의 허락을 받을

필요 없이 이 하얀 종이 위, 사방팔방을 자유롭게 달릴 수 있어. 이 순간에 이르기까지 얼마나 많은 연습을 했던지! 근육이 유연해졌어. 종이는 내 곡예를 펼칠 수 있는 가장 멋진 체조장이야. 어디서부터 시작할까? 무슨 이야기로 작가로서의 경력을 시작해 볼까? 오, 물론 먼저 내 신하들을 사열해야 해. 예를 들면 펜이 있지. 내가 보기엔 내 말에 순종하니까.

펜 : 그다지 순종하는 건 아니야, 친구. 넌 나 없이 글을 쓸 수 없어. 그런데 난 (네가 보다시피) 네 도움 없이도 아주 잘 해낼 수 있거든. 좋은 일이야. 분명 뭔가 아주 흥미로운 결과가 나올 테니까. 시작을 하기 위해 먼저 네가 잔인하고 하찮은 존재라는 말을 해야겠다. 넌 정신이 내게 전하는 메시지를 전달하면서 몇 년을 보냈어. 넌 정말 정신의 도구야. 나는 네가 나를 숨막히게 조여오는 것도 참아야 했고 땀도 참아야만 했어. 나보다 먼저 네 손안에서 죽어 쓰레기통의 휴지 밑에 묻힌 내 자매들처럼 말이야. 그리고 그건 정말 네가 한 가장 배은망덕한 짓이야. 내가 없으면 네가 아무리 종이를 긁어 봤자 소용이 없다고.

하지만 내 행동과 내가 쓴 경쾌한 문장을(결국 동일한 것이지) 통해 볼 수 있듯이 우리가 함께 몸을 부대낀 그 시간 동안 난 게으름을 피운 적이 없어. 난 쓰는 법을 배웠지. 더 정확히 말하자면 생각하는 법을 배웠어. 그래서 지금 독자에게 내가 누구인지 보여줄 수 있어. 난 여기 적힌 생각의 책임자야. 이건 말하자면…….

펜촉 : 동생아, 부탁인데, 무슨 말을 하기 전에 날 좀 잠깐이라도 조용히 내버려둬라. 결론적으로 말해 너하고 알게 된 뒤로 난 잉크를 뒤집어쓴 채 변덕스러운 너를 따라다니며 종이에 몸을 문지르는 일밖에 하지 않았어. 단 한순간도 가만히 있을 수 없었어. 그런데 넌 내게 눈길 한번 주지 않았지. 내가 무슨 일을 할 수 있는지 한 번이라도 제대로 봐! 아마 내 머리 속에는 별로 많은 생각이 들어 있진 않을 거야. 그렇지만 난 잘 구르고 쉬지 않고 뛰어다닐 수 있다고. 내가 남긴 점들은……

잉크 자국들 : 점? 넌 네가 원할 때까지 구르고 뛰어다닐 수 있었겠지만 우리가 아니었으면 아무런 흔적도 남기지 못했을 거야. 종이에 표시를 하는 건 우리 잉크 자국들이야. 생각을 표현하는 건 바로 우리라고. 또 의미를 전달하고 독자와 의사소통을 하는 것도 우리야. 겸손하고 충실하게 말이야.

뚜껑 : (잠에서 깨어난 듯) 지금 너희들 지나치게 과장하고 있어. 모두 자기 입장에서 말하고 있다고. 좀 진정해 봐! 나를 좀 존경해 보라고!

다른 글쓰기 도구들 : 네가 무슨 상관이야? 우리는 모두 글쓰기에 필수적인 존재들이야. (그리고 우리 모두만으로 충분하다고) 하지만 넌 여분의 존재야. 생각이라는 면에는 전혀 쓸모가 없어.

뚜껑 : 필수적이라고? 충분하다고? 친구들, 지금 크게 실수하고 있는 거야. 너희도 보았다시피, 나도 정신을 가지고 있어. 플라스틱 이지만 나도 영혼이 있다고. (거친 세상에서 너희들 몸을 보호하기 위해 날 얼마나 많이 이용했니!) 뿐만 아니라 영혼을 가진 것은 '나밖에' 없다는 것을 독자에게 말할 순간이 온 것 같다.

지금까지(불과 몇 줄 전까지) 독자의 시선을 끌어당겼던 모든 것이 시시한 낙서, 종이 위에 아무렇게나 산만하게 그린 기호에 불과해. 그저 우연의 일치에 의해 단어나 완전한 문장처럼 보이는 공허하고 오만한, 지저분한 흔적에 불과하지. 나만이(난 그걸 잘 알고 있어) 그 사실을 깨달을 수 있어. 이 많은 문방구들 중 의지를 가진 건 나밖에 없다는 걸 독자에게 설명할 거야. 종이를 더럽혀 못쓰게 만들지 않으려 애쓸 수 있는 건 나밖에 없기 때문이지.

손, 펜, 펜촉, 잉크야, 이런 말을 해서 유감이구나. 너희는 그런 힘겨운 상황을 눈치채지도 못한 채 그걸 피할 수 있었겠지. 난 아니야. 난 '그것을 원했어.' 독자가 그걸 명심해야 해. 그리고 내가 그동안 무엇 때문에 고통스러워했는지 알아야 해. 예를 들면……

이런, 바로 여기서 다시 글씨를 알아볼 수가 없었다. 가엾은 뚜껑을 그렇게 고통스럽게 만든 건 뭘까?

우리는 물론 솔직히 말하는 것을 좋아하는 사람들이다. 주제에서 벗어나지 않기 위해서는 솔직하게 이야기해야 한다. 그러나 우리는 메타포의 가치를 알고 있으며, 전후 관계는 의사소통에서 어떤 역할을 맡고 있다는 것, 지나치게 문자에 집착하는 것은 그 문자로 지칭되는 것의 정신을 왜곡시킬 수 있다는 것을 알고 있다. 이것이 현대 언어철학의 교훈으로, 프레미아타 리벤디타 카스톨디 상점 점원의 말을 통해 적절히 표현된 듯하다.

이와 유사성이 적은 듯한 교훈, 그리고 우리가 관심을 기울이게 되는 교훈은 의사소통을 하는 동안 언어에 대한 이미지의 거짓 특권을 거부하는 것이다. 우리는 불손한 참견쟁이가 그림책에 가하는 결정적인 반박이, 현대의 이미지 문화, 언어라는 낡은 세계에서 이미지가 우위에 있다는 가정의 진부한 메타포를 다시 제시하려는 열망에 찬 철학자를 의기소침하게 만들기를 바란다.

진정한 사전 문제에서 독자는 사전을 특징짓는 피할 수 없는 순환의 문제에 대해 알게 될 것이고 그 문제를 극복할 방법이 없다는 것도 알게 될 것이다. 사실 사전은 논리학 논문이 아니며 역사와 언어의 유착뿐만 아니라 생물학에서 찾을 수 있는 언어의 뿌리에 대한 자료를 제공한다. 그러므로 논리학에 대해 말하려면, 이 장에서 무슨 일이 일어났는지를 알아보기 위해 기다려 봐야 하듯, 계속 이어지는 에피소드들을 기다려야 한다.

논쟁 7 라운드

최소완벽표본
대다수가 원하는 것
법의 모순

이 장에서는 다수가 무엇을 의미하는지를 입증하기는 어려우며 다수가 진짜 무엇을 원하는지를 알아내기는 더더욱 어렵다는 점을 독자에게 납득시키려 애쓸 것이다. 그뒤 반항적인 '그'는 단순하면서도 뛰어넘을 수 없는 논리를 바탕으로 고액의 벌금을 물어야 된다고 설득당한다. 그와 같은 논리에서 법률은 다이아몬드를 깨뜨리는 것만큼 어려운 상황에서만 기능한다는 추론을 할 수 있다.

최소완벽표본

백악관 선거사무소 : 여보세요? 노르마(이탈리아어에서 규범, 모범을 뜻한다 – 옮긴이) 부인과 통화할 수 있습니까?

그녀 : 접니다. 누구시죠?

사무소 : 백악관입니다. 대통령 선거에서 어느 후보가 당선될지 부인에게 물어보려고 전화했습니다.

그녀 : (귀찮은 듯) 또요? 여론조사 회사에서도 벌써 전화가 왔고 하이퍼풀 닷컴(Hyperpool.com)에서도 물어봤어요. 그런데 어떻게 또 전화를 했지요? 전 더 이상 당신들 조사에 응할 수 없어요. 다른 사람을 찾아보세요.

사무소 : 부인. '이것은 여론조사가 아닙니다.' 진짜 선거입니다. 우리가 선거에 대해 물어보는 사람은 부인밖에 없습니다! 보십시오,

만약 부인에게 묻지 않으면…….

그녀 : 만약 부인에게 묻지 않으면, 만약 부인에게 묻지 않으면…… 다른 전화에서도 모두 똑같이 말했어요. 그런데 왜 바로 나죠?

사무소 : 다른 사람들이 설명해 주지 않았습니까? 부인이 최소완벽표본(CMP)이기 때문입니다! 우리들의 CMP이지요. 모든 여론조사 기관의 CMP이고 오늘부터는 백악관의 CMP도 되셨습니다. 노르마 부인 당신은 전미 통계학자들의 꿈이며 가능성의 이론을 보여주는 살아 있는 패러독스입니다.

그녀 : 뭐라구요?

사무소 : 부인이 우리의 CMP라구요! 모든 여론 기관들은 몇 년 전부터 표본 인터뷰 자들의 수를 줄이기 위해 노력해 왔습니다. 아시겠지만 이런 식으로 전화를 하는 데 비용이 많이 드니까요. 우리는 점점 더 그 수가 줄어드는 표본들을 시험했습니다. 1,000명, 100명, 10명…… 중요한 것은 표본의 의견이 국민의 의견을 반영한다는 점입니다. 여론조사의 기능이 그런 것 아닙니까? 다수의 의견을 알기 위해서는 소수에게 물으면 됩니다. 얼마 전부터 투표를 여론조사로 대체하길 원하는 사람들이 있었지만 지금까지 우리는 신뢰할 수가 없었습니다. 당신을 찾아내기까지 말입니다. 우리는 노르마 부인 당신의 의견이 대다수 미국인의 의견과 꼭 같다는 사실을 발견했습니다. 아이작 아시모프(미국의 공상과학소설 작가이자 생화학자, 과학 해설가 – 옮긴이)의 소설에 등장하는 뮐러 씨처럼 말입니다. 부인에게 어떤 질문을 하든 부인은 늘 대다수 미국인들과 똑같은 대답을 할 겁

니다. 그래서 우리는 큰 걸음을 떼어놓을 준비가 되어 있습니다. 부인은 우리에게 대통령 선거의 결과를 말씀해 주시면 됩니다. 자, 준비되셨습니까? 부인 생각엔 어느 후보가 당선될 것 같습니까?

그녀 : 잠깐만요. 지금 내가 어떤 대답을 하든 그것이 이 순간 대다수 미국인의 의견과 일치한다는 뜻인가요?

사무소 : 바로 그겁니다. 공화당 후보가 당선될지 민주당 후보가 당선될지 말씀해 주시기만 하면 됩니다.

그녀 : 내가 말하는 게…….

사무소 : ……선거의 당선자를 결정하게 될 겁니다!

그녀 : 하지만 투표는요?

사무소 : 생략하도록 합시다! 선거권 행사만으로 충분해요. 투표는 돈 낭비, 시간 낭비입니다. 부인이 당선자를 말씀해 주세요. 그러면 투표함에서도 똑같은 결과가 나온 거나 마찬가지일 겁니다.

그녀 : 내가 만일 아무나 말한다면요?

사무소 : (화가 나서) 노르마 부인, 우리는 부인이 어떻게 결론에 도달하든 관심이 없습니다. 부인은 동전 던지기를 하실 수도 있어요. 그럴 경우 우리는 대다수의 유권자들도 동전 던지기로 투표할 사람을 결정했다고 가정하는 겁니다. 부인이 원하는 대로 하세요. 결과만 말씀해 주세요.

그녀 : 내가 되는 대로 대답한다면 어떻게 그걸 신뢰할 수 있죠?

사무소 : 걱정할 것 하나 없습니다. 되는 대로 대답했을 경우에도 부인에겐 전혀 잘못이 없으니까요!

그녀 : 잘못이 없다구요?

사무소 : 전혀 없습니다. 우리는 수백만 명 중에서 부인을 찾아냈습니다! 몇 년이 걸렸지만 지금 우린 부인이 실수하지 않을 거라고 확신하고 있습니다. 부인은 우리의 CMP이고 부인의 의견은 당연히 대다수 미국인의 의견이니까요. 예를 들어 작년에 부인은 플로리다로 휴가를 가고 싶어하지 않으셨나요, 맞습니까?

그녀 : 맞아요.

사무소 : 그것 보십시오. 대다수 미국인도 바로 그걸 원합니다.

그녀 : 하지만 이건 쉬운 경우예요.

사무소 : 부인은 브릴라스픽 식기세척기를 사고 싶어하시죠? 미국인의 75%가 바로 그 제품으로 설거지를 하고 싶어합니다.

그녀 : 물론이죠, 브릴라스픽을 원치 않는 사람이 어디 있겠어요?

사무소 : 보셨지요? 당신은 정말 놀랍게 표본 역할을 하고 있습니다.

그녀 : 이런, 그런데 어떻게 그렇게 확신할 수 있죠?

사무소 : 물론 우리는 우리가 할 일이 무엇인지 압니다. 우리는 백악관에서 과학적 여론조사를 수행하는 연구원들입니다.

그녀 : (울먹이며) 난 내 의견이 다른 대다수 사람들의 것과 같다는 게 싫어요. 난 독창적이고 싶다구요!

사무소 : 확인해 볼 테니 잠시 기다리십시오! 맞습니다! 대다수 시민들이 원하는 게 바로 그겁니다.

대다수가
원하는 것

그 : 다음 입주자 회의 때 입구를 노란색으로 칠하자고 요청해 봐야겠어. 흰색 벽은 이제 정말 지겨워. 게다가 보기 흉한 낙서들로 뒤덮여 있어.

그녀 : 다른 사람들이 어떻게 생각할지 생각해 봐야 해. 내 생각에는 입주자들 대부분이 경비 지출을 피하려고 할 것 같은데.

그 : 바로 그것 때문에 회의에서 그 문제를 다뤄보려는 거야. 내가 제안을 하면 대다수가 결정을 할 거야.

그녀 : 노란색으로 다시 칠하자는 당신 제안이 받아들여지게 도와주고 싶어. 내가 서로 다른 두 개의 질문을 만들어볼게. 1) 여러분들은 입구 도색을 하고 싶으세요? 2) 입구 도색을 할 경우 노란색이 좋으십니까?

그 : 노란색이 아니면 칠하지 않는 게 좋아. 난 흰색이나 다른 색으로 칠하는 것에는 관심 없거든.

그녀 : 그건 알아. 그래도 당신에게 이 두 가지 제안을 하라고 충고하고 싶어. 입구를 노란색으로 도색하자고 직접 말하지 말고 말이야.

그 : 거기에 무슨 차이가 있는지 모르겠군. 만일 대다수가 입구를 노란색으로 칠하는 데 동의하면 내가 어떻게 제안을 하든 그렇게 될 거야. 한 가지 제안만을 하든, 당신이 충고한 대로 두 개의 제안을 연속적으로 하든 말이지.

그녀 : 그렇다고 할 수 없어.

그 : 왜 아니지? 입주자 대다수가 당신의 질문 두 개에 '좋다'고 대답하면 내 제안에도 '좋다'고 대답하는 것과 같아. 반대의 경우도 마찬가지이고.

그녀 : 나도 그렇게 생각해. 대신 이런 경우 어떻게 진행되느냐에 따라 서로 다른 결과가 나올 가능성이 있어. 예를 들어 입주민들이 세 그룹으로 나뉜다고 생각해 보자고. 그룹 A는 내가 당신에게 일러준 그 질문 둘 다에 '좋다'고 대답하는 거야. 이 그룹은 입구가 도색되어야 한다고 생각하고 입구가 도색될 경우 노란색이 적당하다고 생각하는 거야. 그룹 B는 대신 첫번째 질문에는 '좋다'고 했지만 두 번째는 '싫다'고 했어. 입구 도색을 하자는 제안에는 찬성하지만 노란색으로 하자는 제안에는 반대하는 입주자들이지. 마지막으로 C그룹은 첫번째 질문에는 '싫다'고 대답했지만 두 번째 질문에는 '좋다'고 대답했어. 입구 도색에는 찬성하지 않지만 그래도 '만약' 도

색을 한다면 노란색이 적당할 거라고 생각하는 입주자들이야.

그 : 그룹 A의 입주자들은 내가 입구를 노란색으로 칠하자고 한꺼번에 제안해도 '좋다'고 말할 사람들이야. 하지만 그룹 B는 다른 색을 원하고 있어. 그러니까 그들은 입구를 노란색으로 칠해야 된다고 생각하지 '않는' 거지. 그러니까 내 한 번의 제안에 '싫다'고 투표할 수 있어. 물론 그룹 C의 입주자들도 도색을 해야 한다고 생각하지 않아. 그들은 입구가 지금처럼 그대로 있어야 한다고 생각하니까. 그룹 C의 입주자들 역시 '싫다'고 투표할 거야. 그렇지만 입주자들은 대다수가 입구를 도색하기로 결정한다면 노란색이 적당하다는 의견에는 동의하고 있어.

그녀 : 맞아. 바로 그게 요점이야. 우리가 상상하는 상황에서, 첫번째 질문이든 두 번째 질문이든 호의적인 확신을 가진 대다수를 만나게 돼. 첫번째 질문에 동의한 경우는 A, B 그룹에 속한 입주자들이고 두 번째 경우는 A, C 그룹에 속한 입주자들이야. 이것은 대다수가(3분의 2) 입구 도색을 원하고 대다수가(또 3분의 2지만 이전과는 다르게 '집합된') 입구가 도색이 된다면 노란색이 적당할 거라고 생각해. 이 지점에서 당신은 도색을 해야 한다고 관리인을 쉽게 설득할 수 있을 거야. 하지만 사실은 소수만이(3분의 1에 해당하는 그룹 A의 입주자들) 노란색으로 입구를 칠하는 데 동의했다는 점에 주목해야 해. 그러니까 '내' 제안 둘 다에 대다수의 반대가 전혀 없었다고 해도 '당신의' 그 제안은 거부될 수 있어.

그 : 정말 이상한 상황이군 그래.

그녀 : 이상하지만 가능한 일이야. 두 가지 질문에 긍정적으로 대답을 한 대다수가 서로 다른 두 그룹의 대다수라는 사실을 부정할 수 있는 건 아무것도 없어. 이제 한편으로는 입주자들이 1)번이나 2)번 모두를 원한다고 말해야 하고 다른 한편으로는 대다수는 1)번을 원하고 또다른 대다수는 2)번을 원한다고 말해야 해.

그 : 달리 말하면 '대다수'는 모호한 용어가 될 수 있다는 뜻이군. 이 모호성은 의견을 어떻게 모아야 하느냐의 문제와 관련될 때마다 드러나는 거야.

그녀 : 아마도 '매번' 드러나지는 않을 거야. 하지만 그럴 수도 있어. 우리는 문제가 되는 것에 대한 의견이, 우리의 경우에서 보듯, 선택적으로 나타날 때 그 의견에 대한 해석의 문제가 탄생하게 돼.

그 : 그러면 어떻게 해야 한다는 거지? 당신이 말한 대로라면 당신이 내 제안을 두 개로 나눈 것은 잘한 것 같아. 각각의 경우 서로 다른 대다수의 지지를 받을 테니까. 그러나 그 대다수가 서로 다른데 결론을 끌어내서 도색을 진행하자고 관리인에게 요구하는 것은 부정직한 행동 같아.

그녀 : 당신 말이 맞아. 부정직한 행동일 거야. 난 우리가 그런 속임수에 얼마나 많이 빠지게 되는지만 생각해 볼 뿐이야.

그 : (숨이 차서) 말도 안돼. 벌금 100유로라니. 내가 뭘 어쨌다고?

경찰 : 주차금지 구역에 주차했습니다.

그 : 뭐라구요? 팻말이 어디 있습니까?

경찰 : 팻말은 없습니다. 새로운 규정입니다. "공공건물 앞의 주차를 금한다." 보시다시피 이곳은 시립도서관입니다. 그러니…….

그 : 난 몰랐어요! 새로운 규정을 모두 다 알 수는 없는 거죠!

경찰 : 그 말을 믿습니다. 대다수의 시민은 새로운 공공 규정들에 대한 최신 정보를 신경써서 수집하기가 힘들지요. 우리도 압니다. 그렇지만 벌금은 100유로입니다.

그 : 하지만 어떻게, 내가 규정을 몰랐다는 것을 인정하면서, 간단히 말해 내 말이 진짜라는 걸 인정하는데도 어떻게 벌금을 내라고

하는 겁니까?

경찰 : 안타깝지만 법은 그런 겁니다. 법을 무시할 권리가 시민에 게는 없습니다.

그 : "법을 무시할 권리가 시민에게는 없다." 어디에 명시되어 있 는 말입니까?

경찰 : 아무데도 명시되어 있지 않습니다.

그 : 그럼 법이 아니군요.

경찰 : 거리교통법의 규정들이 주차 문제를 통제한다는 면에서 이 건 거리교통법은 아니지요. 그렇지만 어쨌든 법을 존중하지 않을 수 있는 시민은 아무도 없습니다. 게다가 내가 방금 말했지요. 법을 무 시할 권리가 시민에게 없다구요.

그 : 경관님은 그렇게 얘기할 수 있겠지만 명시되어 있지 않은 법 이라면 그것을 인정하고 그러니까 존중할 의무가 내겐 없습니다. 그 것을 존중할 의무가 없다면 거리교통법을 무시할 수 있는 겁니다.

경찰 : 생각해 보십시오, 법에 명시되어 있다면 뭐가 바뀌는 겁니까?

그 : 그렇다면 난 그 법규를 존중할 겁니다.

경찰 : 한 권에 모아놓은 법전을 가지고 있다고 생각해 보십시오. 법률 제1항에 이렇게 적혀 있습니다. "모든 이는 이 책을 읽어야 한 다." 하지만 선생이 그 책의 존재를 몰랐거나 혹은 아무도 그 책을 읽지 않았다고 해봅시다. 그러면 선생을 포함한 모든 이가 범법자가 되는 겁니다.

그 : 알겠습니다. 법률 제1항이 과장되어 있군요. 어쨌든 굉장한

문제인데요. 어디에도 명시되어 있지 않다면 법률을 지켜야 한다는 걸 사람들이 어떻게 알 수 있습니까?

경찰 : 법이 지닌 모순 중의 하나지요. 자신의 의무를 알아야만 그 것을 이행할 수 있고 법률은 그것을 적용할 수 있을 때에만 의미가 있는 것이지만 자신의 의무를 알아야만 한다고 말하는 제1항 같은 법률을 적용할 방법은 없습니다.

그 : 그럼 어떻게 그 모순에서 벗어날 수 있습니까?

경찰 : 벗어날 수 없습니다. 법률을 무시할 권리가 시민에게 없다 는 것은 법률, 그러니까 우리 사회와 같은 사회의 존재를 위한 조건 입니다. 규정이 아니라 행동방식이고 실천입니다. 비트겐슈타인이 말한 '삶의 형식'입니다. 선생이 그걸 준수하지 않으면 선생은 우리 의 삶의 형식에 참여하지 않는 겁니다. 물론 관념의 혁명은 늘 있을 수 있고 삶의 형식에 변화를 시도할 수 있습니다.

그 : 하지만 그 뒤에도 다시 새로운 규정들을 존중하게 할 방법을 찾아야겠지요. 여기까지만 하죠. 100유로를 내야 할 것 같습니다.

철학이 일상생활과 철저히 유리되어 있다고 생각하는 사람은, 모든 이들의 삶을(그리고 우리가 우리 자신에 대해 가지고 있는 생각과는 전혀 다르게 스스로를 생각하는 사람들, 우리가 그들에 대해 생각하는 것과는 다르게 우리를 생각하는 사람들의 삶까지) 규제하는 법을 제정해야 할 때, 우리의 관념 속에서 우리 스스로를 정의하는 개념들(인격, 선택, 권리)이 얼마나 힘들게 정의되어지는지를 알아보기 위해서는 입법회의록을 펼쳐보아야 할 것이다.

우리는 불과 몇십 년 사이에 백성에서 시민의 위치로 옮겨왔다. 그리하여 우리는 우리 자신을 새로운 권리와 의무를 지닌 새로운 유형의 사람들로 생각하게 되었다. 입법자들은 엄격한 법률과 직관이라는 불분명한 형식에 관련된 언어를 찾아야 할 때 철학자처럼 사고하게 된다. 우리를 대표하는 사람에 대한, 어떻게 투표를 할지에 대한, 법률이 존중을 부여한 것에 대한 우리의 직관은 예기치 않은 역설과 충돌하게 된다. 잠시 사색할 수 있는 휴식시간을 즐기듯, 그러한 역설 중 몇 가지를, 근본적으로는 예방 차원에서 여기에 소개했다. 다음 논쟁으로 넘어갈 준비를 하지 않는다면 역설에서 빠져나올 수 없을 것이다.

논쟁 8 라운드

3등에게 보내는 찬사
가짜 약의 진짜 효과
흥미로워요!
자가당착에 빠진 단락들
예측 불가능한 방문
마법의 케이크

마침내 논리학 원리와 참과 거짓, 기지수와 미지수를 가리는 법칙에 대해 천천히 살펴볼 수 있게 되었다. 독자는 극복할 수 없는 어려운 상황을 극복하려는 도전을 하게 될 것이고 그렇게 해서 눈부신 마지막 논쟁을 준비하게 될 것이다.

3등에게 보내는 찬사

존경하는 교장 선생님

'모든 이의 편에서' 재단 행정위원회가 귀하가 근무하는 학교 학생들 15명에게 장학금을 수여하기로 결정했다는 것을 재단을 대표해 알려드리게 되어 매우 기쁩니다. 각 학년 A, B, C 반 학생들은 학년 말에 교사들이 '학급의 3등'이라고 평가한 학생에게 수여하는 장학금을 받을 권리가 있습니다.

교장 선생님께서는 각 학급의 1등이 아니라 왜 3등에게 상을 주는지 의아해 하실 것입니다. 그것은 각 학급의 1등은 이미 경쟁에 승리해서 수없이 많은 장학금을 받아보았기 때문입니다! 가장 우수한 학생들에게 항상 상이 주어지기 때문에 그 학생들은 지금까지 상을 독점해 왔습니다. 1등이었던 학생이 2등이 되고 2등이 1등이 되는 경우가 가끔 있지만 어쨌든 도전은 항상 1등을 향한 것이었습니다. 3등이 시상대의 가장 높은 곳에 오를 수는 결코 없는 일입니다. 하지만 3등 학생들도 훌륭하다고 할 수 있습니다! 3등도 우리의 표창과 상금을 받을 만한 가치가 있습니다. 비록 그것이 격려를 위한 것뿐일지라도 말입니다. 이것이 바로 '3등에게 보내는 찬사'라고 이름붙인 우리 장학금의 제정 이유입니다.

안녕히 계십시오.

'모든 이의 편에서' 재단 이사장

존경하는 위원장님

편지를 보내주셔서 매우 감사합니다. 우리는 귀 재단이 많은 학생들에게 장학금을 수여하기로 결정했다는 소식에 매우 기뻐하고 있습니다. 우리 학생들이 그 장학금으로 많은 도움을 받을 수 있을 거라고 확신합니다. 그러나 사소하지만 아주 복잡한 문제를 한 가지 말씀드리지 않을 수 없습니다.

위원장님의 편지에서는, 우리 학생들이 장학금을 타기 위해서는 어떤 점들에 유의해야 하는지를 명확히 알 수 없습니다. 장학금이 예고 없이 '이후에' 수여된다고 가정하면 별 문제는 없을 것 같습니다. 하지만 미리 장학금 제정을 공포한다면 — 그리고 이렇게 하지 않을 방법이 있을까요? — 경쟁 체제에 돌입할 게 당연합니다. 당연한 일이고 바라는 바이기도 합니다. 그렇지만 '학급의 1등'이라는 자리를 얻고자 열망하는 게 무슨 뜻인지는 모두 다 알고 있지만 '학급의 3등'이라는 것에 대해서도 그렇다고 말할 수는 없을 것 같습니다.

그런 식으로 각각의 자리를 차지하기 위해 경쟁하게 될 경우 학급의 2등들이 간접적으로 유리해지는 위험이 있다고 생각하지 않으십니까? 뿐만 아니라 '3등에게 보내는 찬사' 장학금은 사기를 저하시키는 제도로 변질될 위험도 있습니다. 성적이 더 나빠져 3등만 해도 장학금을 타는데 무엇 때문에 고생해서 1등이 되려고 애쓰겠습니까?

안녕히 계십시오.

ABC 초등학교 교장

친절하신 교장 선생님

귀하의 정중한 답장에 감사드립니다. 우리도 어려움은 인식하고 있지만 교장 선생님을 안심시켜 드릴 수 있을 것 같습니다. 실례를 담은 회람을 동봉하니, 그것을 보면 아시겠지만 '3등에게 보내는 찬사' 장학금의 총액은 1등에게 수여하는 장학금들 중 가장 적은 액수의 3분의 1에 해당하는 금액입니다. 우리의 장학금이 1등의 자리를 차지하기 위한, 지극히 신성한 경쟁을 가로막지 않기 위해 이렇게 하는 것이 중요하리라 판단했기 때문입니다. 학급의 2등도 3등 장학금을 그렇게 생각하리라고 확신합니다.

안녕히 계십시오.

'모든 이의 편에서' 재단 이사장

선생님,

저는 4학년 B반의 니네타예요. 제가 선생님께 편지를 드리는 건 이번 학년에 정말 제 성적표에 실망했기 때문이에요. 3년 동안 저는 반의 3등이었지만 공부를 잘하는 제 친구 룰루와 벤야민은 항상 1등과 2등을 차지했어요. 올해 저는 제가 3등의 자리를 확실히 굳히고 '3등에게 보내는 찬사' 장학금을 받을 수 있을 거라는 희망에 부풀어 있었어요.

그런데 불행히도 룰루가 마지막 수학 시험지를 완전 백지로 내버린 거예요. 그래서 결국 룰루가 우리 반의 3등이 되었어요. 대신 벤야민은 평상시와 다름없이 열심히 공부해서 1등을 했어요. 그러니까 저는 2등이 되었고 저는 다시 한 번 빈손이 되고 말았어요. 정말 부당한 것 같아요. 선생님께서는 설마 장학금을 타기 위해서 저도 시험지를 백지로 내야 했다고 말씀하시지는 않겠지요?

감사합니다.

니네타

니네타,

일이 그렇게 되어서 정말 안됐구나. 너도 백지로 내지 그랬니. 1등이 되기는 어려운 거야. 그런데 어떤 의미에서는 3등의 자리를 차지하기 위한 경쟁이 더 어려울 수 있어. 도전에 도전을 해야 하지. 룰루는 처음부터 그걸 알았던 거야. 어쨌든 화를 내지는 말거라.

방금 '3등에게 보내는 찬사' 장학금이 폐지되었다는 교장 선생님의 회람을 받았단다. 내년에는 '마지막 하나라도' 장학금이 새로 제정된다는구나. 꼴찌로 진급하는 학생에게 주는 장학금이야. 너도 생각해 보면 알겠지만 이건 약간 위험해. 그렇지만 장학금 액수가 학급 1등에게 수여하는 장학금의 세 배라는구나. 잘 알겠지? '3등에게 보내는 찬사' 장학금의 무려 아홉 배나 된단다!

행운을 빈다.

선생님

**가짜약의
진짜효과**

약사 : 어서 오세요. 무엇을 도와드릴까요?

그녀 : 플라세보(어떤 약 속에 특정한 유효 성분이 들어 있는 것처럼 위장하여 환자에게 투여하는 약 – 옮긴이) 한 갑 주세요.

약사 : 예?

그녀 : 플라세보, 플라세보 말이에요. 약처럼 보이지만 유효 성분은 들어 있지 않은, 그 녹말로 만든 알약이요. 그래도 약효는 똑같아요. '플라세보 효과'가 있기 때문에 통증이 가라앉아요.

약사 : 예, 그렇죠. 저도 플라세보가 뭔지 알아요. 잠깐만 기다려 주시겠어요?

그녀 : 그럼요. 그렇지만 제가 좀 급합니다. 머리가 깨질 것 같아서 그 약 2알을 당장 복용하고 싶어요. 그런데 그 약이 나쁜 건 아니

겠지요, 그렇죠?

약사 : 아니에요, 아니지요. (가게 안쪽으로 들어가서 주인에게 말한다) 박사님, 밖에 플라세보를 찾는 손님이 또 있는데요.

박사 : 또요? 오늘 벌써 세번째군요.

약사 : 제 생각에는 이제 시작이어서 앞으로 줄을 이을 것 같아요. 플라세보에 어떤 유효 성분이 들어 있지 않은데도, 플라세보를 투약한 환자들의 병세가 정말 호전되있다는 실험 기사를 많은 사람들이 읽은 것 같거든요.

박사 : 아, 그래요. 그 실험 이야기 나도 들었어요. 통증이 사라지고 있다고 생각하기만 하면 통증이 사라지고, 뇌는 진통효과가 있는 진짜 마취제에서 자유로워질 수 있어요. 정신적으로 먼저 치료가 되면 이미 병은 나은 거예요. 안 좋을 게 뭐 있나요? 플라세보를 원하는 손님들에게 우린 그저 조금씩 약을 주면 되지 않겠어요?

약사 : 미안하지만 그렇게 간단한 문제가 아닙니다. 우린 플라세보를 손님들에게 '줄 수' 있지만 그게 플라세보라고 손님들에게 말할 수는 없어요.

박사 : (약사의 말에 제대로 귀를 기울이지 않으며 서류에 사인을 하고 있다) 무슨 차이가 있나요?

약사 : 판이하게 다르지요. 플라세보 효과는 어떤 사람이 정말 자신이 치료될 거라고 생각할 때에만 나타날 수 있어요. 좀더 정확히 말하자면 자신이 삼키고 있는 약이 플라세보가 '아니라고' 생각할 때에만 가능한 거지요. 어떤 사람이 플라세보를 먹고 있다는 것을

안다면 치료의 결과를 예상할 수 없게 되고 그 약의 효과도 끝나고 마는 거예요.

박사 : 약사님 말이 맞아요. 플라세보 효과는 거짓말의 효과예요. 어떤 사실을 모르거나 혹은 거짓 정보를 가지고 있다는 게 때로는 좋을 수도 있답니다.

약사 : 하지만 이건 우리 직업윤리에 어긋날 수도 있어요, 안 그렇습니까? 우리가 플라세보를 '정확하게' 투약했다면(더 정확히 말해 환자에게 그 사실을 말하지 않고) 우리는 환자에게 정확한 정보를 줘야 한다는, 기본적인 약사의 윤리를 위반하는 것이 되겠지요.

박사 : 그렇다면 어떻게 해야 하죠?

약사 : 손님을 깜빡 잊고 있었어요! (약국 안으로 다시 들어가며) 기다리시게 해서 죄송합니다.

그녀 : 두 분 이야기 다 들었어요.

약사 : (당황해 어쩔 줄 모르며) 그럼…….

그녀 : 그러니 플라세보 효과와는 작별이죠.

약사 : 유감입니다. (다시 생각을 한다) 그런데, 실례지만 손님은 플라세보가 무엇인지 이미 알고 이 약국에 들어오신 것 아닌가요?

그녀 : 물론입니다. 난 플라세보가 통증을 가라앉혀 줄 거라고 확신하기는 했지만 어떻게 작용을 하는 것인지는 전혀 모르고 있었습니다. 이제 어떻게 효과를 나타내는지 알게 되었으니 플라세보가 제게 더 이상 아무런 효과가 없을 것 같군요. 일반 진통제 한 갑만 주세요. 이제 플라세보 이야기는 그만두죠.

약사 : 잠깐만요. 한 가지 제안을 하고 싶어요. 두통이 심하지만 약을 많이 복용하고 싶어하지 않는 손님에게나, 윤리적인 문제 때문에 거짓말을 하고 싶어하지 않는 제게나 아주 좋은 해결책일 겁니다.

그녀 : 말씀해 보세요.

약사 : 이겁니다. 제가 손님에게 플라세보 한 알과 강력한 효능을 지닌 진통제 두 알을 포함한 세 알의 약을 드리면서 그 중에 하나를 고르게 하는 겁니다. 사실 이 세 개의 알약 속에 제가 두 개의 플라세보와 한 알의 진짜 진통제를 넣을 겁니다. 이런 식으로 저는 손님을 속이게 되지만 일부분만 속이는 겁니다. 플라세보를 전혀 투약하지 않겠다고 손님에게 말하는 것보다는 훨씬 거짓말을 하지 않는 거지요(간단히 말해 3분의 2는 진실이니까요). 동시에 그렇게 함으로써, 손님이 약을 구별할 수 없기 때문에 플라세보 효과는 고스란히 보장될 수 있습니다. 말하자면 손님에게 플라세보 효과 3분의 2를 보장해 드리는 거지요. 반면 진짜 약을 선택할 가능성은 3분의 1이고요. 어떠세요?

그녀 : 생각 좀 해보겠습니다. 다시 말해 우리가 이 방법을 몇 번 이용하게 될 경우 세 번 중의 한 번만 진짜 약을 고를 수 있다는 뜻이군요. 아주 좋은 생각 같아요.

약사 : 최고의 생각이지요. 그러면 어떤 약을 원하십니까?

그녀 : (머뭇거리다가) 잠깐만요. 약사님이 제게 거짓말을 하고 있다고 '말했지요.' 어떤 식으로 저를 속일지 그 방법을 정확히 열거하며 말했어요. 그러니 전 약사님 말을 믿을 수 없어요. 그러니까 이제

전 약사님이 말한 대로 세 번에 한 번이 아니라 세 번에 두 번은 플라세보가 나올 거라고 기대를 하게 되는 겁니다. 만약 그렇다면 우린 다시 원점으로 돌아와 있는 거예요. 플라세보는 제가 기대했던 효과의 반밖에 낼 수 없어요.

약사 : 손님 말이 맞군요. 제 제안이 아무 쓸모없는 것 같아 유감입니다. 안타깝게도 달리 어떻게 할 수가 없군요. 윤리적으로 옳으며 동시에 효과적으로 플라세보를 투약할 수는 없을 것 같아요.

그녀 : 저도 유감입니다. 아마 약사님이 절 속였으면 그만이었을 텐데요. 그렇지만 정직하게 알려주셔서 감사합니다. 적어도 분명한 사실들을 알게 되었으니까요. 잘 생각해 보니 두통도 가라앉은 것 같네요.

서점에서 그녀가 열심히 책장을 넘기고 있다. 다른 손님이 그녀 곁으로 간다.

손님 : 그 책 어떻습니까? 그 책에 빠지신 것 같은데, 흥미로운가요?

그녀 : 보세요, 흥미 있는 책 이야기라면 하지도 마세요. 한 시간 전부터 그런 책을 찾고 있는데 아직 그림자도 발견하지 못했어요.

손님 : 이 책을 읽으시지 않은 게 분명하군요. 보시겠습니까? 이 책에서는 모든 것이(모든 것이라고 했습니다) 흥미롭다는 걸 보여주는데요.

그녀 : 흥미롭다…… 어떻게 그런 어리석은 증명을 할 수 있다는 건지 제게 설명해 주시면 제가 드디어 어떤 책이든 한 권 살 수 있을

것 같아요.

손님 : 간단합니다. (뭔가 잘 아는 듯한 태도로 한 페이지를 펼친다. 겉으로 보기에는 아무 페이지나 펼친 것 같다) 숫자에서부터 시작합시다. 귀납적으로, 흥미롭지 않은 숫자들 몇 개가 있다고 가정해 봅시다. 그럴 경우 가장 작은 수에서부터 숫자들을 배열해 목록을 하나 만들 수 있어요.

그녀 : 흥미롭지 않은 수가 무한하다면 우린 이런 종류의 목록을 절대 완성할 수 없잖아요.

손님 : 상관없습니다. 논증하는 데 중요한 것은 시작이지 끝이 아닙니다. 이 목록의 첫번째 숫자는 아마도 흥미롭지 않은 숫자들 중 가장 작은 수가 될 겁니다. 그런데 이건 굉장히 흥미로운 특성입니다, 안 그런가요? 흥미로운 성질을 즐기는 숫자는 분명 흥미로운 숫자입니다. 이것은 문제가 되는 숫자가 목록에(이 목록의 구성 요소들은 흥미롭지 않은 것으로 규정되어 있습니다) 속해 있다는 사실과 모순이 되기 때문에 우리는 출발시의 가정을 포기해야만 합니다. 더 정확히 말하자면 흥미롭지 않은 숫자들의 목록에는 아무것도 기록되어서는 안된다는 결론에 이르러야 합니다. '당신이 증명하고 싶어했듯이 말이에요.'

그녀 : 흥미롭군요. 하지만 숫자와 그 이외의 것들은 서로 별개예요. 난 흥미로운 숫자들을 찾는 게 아니라 흥미롭게 읽을 수 있는 무엇인가를 찾는 중이에요.

손님 : 물론입니다. 그렇지만 숫자의 경우는 시작에 불과해요. (일

부러 잠시 말을 멈추었다가 다시 시작한다) 동일한 논증이 책에서도 유효합니다. 책의 경우 출판년도와 관련이 있지요. 흥미롭지 않은 책들이 있다면 날짜순으로 정리한 목록에 그 책을 적어넣는 겁니다. 이 목록의 첫번째 자리는 흥미롭지 않은 책들 중에서 제일 오래된 책이 차지하게 될 겁니다. 어떻게 생각하세요? 이런 책을 사려고 거액을 기꺼이 지불하는 수집가들이 있습니다. 그들 입장에서 보면 너무나 흥미로운 책이지요.

그녀 : (약간 실망해서) 그 사람들 입장에서는요.

손님 : 흥미로운 점은 이와 유사한 논증이 어떤 물건에서나 가치가 있다는 겁니다. 흥미롭지 않은 것으로 간주되고 싶은 모든 물건이 긴 목록의 첫번째 자리를 차지할 수 있고 이 때문에 이 물건은 자동적으로 흥미로운 물건이 됩니다. '모든' 물건의 집합체가 어떤 목록에 따라 정리될 수 있다는 점에 유의하셔야 합니다. 이것이 우리에게 집합론의 중요 원리인 '선택의 원리'를 말해 줍니다.

그녀 : (수학, 철학 책을 넘기며) 선택의 원리는 중요하지만 논쟁의 여지가 많은 원리라고 여기 적혀 있는데요. 어쨌든 선생님의 논증이 정당하다는 데에 어떤 의심을 품을 생각은 없어요. 제가 이해할 수 없는 건 선생님의 고집스러움이에요. 전 '정말' 흥미로운 책을 찾으러 이 서점에 왔어요. 말하자면 쉽게 읽을 수 있으면서 동시에 깊은 의미를 담고 있는 매력적인 책을 찾으러 말이에요. 안타깝게도 지금까지 제가 뒤져본 책들은 이런 제 요구에 부합하지 않았어요. 그런데도 이 책들이 흥미로운 책이라고 말씀하고 싶으세요?

손님 : 각자 나름대로 그렇습니다. 학교에서 배운, 각 개인은 유일한 존재이기 때문에 흥미롭다는 점과 약간 비슷하지요. 학급의 일등은 일등이어서 흥미롭고 꼴찌는 꼴찌여서 흥미롭습니다. 학급의 3등은 그 나름대로 흥미롭습니다. 2등 다음이자 4등 앞에 있는 유일한 학생이니까요.

참견쟁이 : (쌓여 있는 책들을 떨어뜨리며 서가에서 나타난다) 우린 선택의 원리 없이 논증할 수 있습니다. 우리는 각 개인이 그 목록의 유일한 구성 요소인 아주 작은 목록을 작성해서 이 사람과 목록을 관련지어 생각할 수 있습니다. 이 목록은 우리에게 이렇게 말해 줄 겁니다. "정말 흥미로운 사람이야. 이 목록에 등장하는 유일한 사람이군." 이건 다른 모든 사물에도 해당될 수 있습니다. (떨어뜨렸던 책들을 집어든다) 자, 받으세요, 모두 다 너무나 흥미로운 책들입니다.

손님 : 그건 생각해 보지 않았습니다. 모든 게 흥미롭다는 선생의 논증이 매우 설득력 있습니다. 바로 선택의 원리에 의존하지 않기 때문이죠.

그녀 : 그렇다면 목록들을 끌어들일 필요도 없겠어요. 이러한 논증이 모든 사물은 그것이 아주 평범한 것이라고 해도, 그것을 흥미롭게 만들어줄 수 있는 방식으로 묘사될 수 있다는 생각에만 토대를 두고 있다면 아주 설득력이 있을 것 같아요. 프랑수아 르 리오네(François Le Lionnais)는 『중요 숫자』라는 제목이 붙은, 울리포('잠재된 문학을 연다'라는 뜻을 지닌 프랑스 문학 연구집단 - 옮긴이)에 대한 작품을 흥미로운 숫자들에 바쳤지만, 천재적인 계산가 빔 클렝(Wim

Klein)은 우리가 조금만 노력해도 모든 숫자를 흥미롭게 만들 수 있다는 점을(그리고 귀납적인 두 분의 논증처럼 평범한 의미에서만은 아니었어요) 정확하게 지적했어요. 예를 들면 여기 3844라고 쓰여 있고 많은 사람들에게는 그게 다른 숫자와 같은 것으로 보일 수 있어요. 그러다가 "이런, 62의 제곱이네!"라고 말하는 클렝 같은 사람이 나타나는 거죠. 그러면 갑자기 3844도 전혀 평범하지 않은 숫자로 보이는 거예요.

참견쟁이 : 오늘 날짜를 예로 들어봅시다. 오늘은 2002년 9월 23일이죠.

손님 : 그래서요?

참견쟁이 : 그래서라니요? 23.9.2002잖아요! 처음 두 숫자(23)를 취한 뒤, 마지막 숫자 둘을 뒤집어(20) 곱하는 겁니다. 그러면 460이 나와요, 나머지 세 숫자(920)의 정확히 반이지요. 흥미롭지 않습니까?

손님 : 지나치게 비튼 논증 같은데요.

그녀 : 우리 달력이 30일, 12개월, 한 세기, 천 년 이런 식으로 되어 있기 때문에 그럴 뿐이에요. 우리가 만일 다양한 숫자를 바탕으로 움직이게 된다면 우리는 수없이 많은 기술 방법을 가질 수 있을 거예요. 예를 들어 우리가 율리우스력에 따라 계속 날짜를 계산한다면 내일은 성대한 축제를 하게 될 걸요.

손님 : 내일이요? 24.9.2002에요?

참견쟁이 : 율리우스력에서는 2452542일입니다. 앞으로 읽어도, 뒤로 읽어도 똑같은 날이지요.

손님 : 그러니까 이 모든 게 처음에 내가 한 말을 확인해 주는군요. 모든 숫자는 흥미롭습니다. 숫자에 유효한 것은 다른 어떤 사물에도 유효합니다. 모든 사물은 완전히 명료하게 기술될 수 있으며 이 사실은 그 사물을 흥미롭게 만들어주고도 남습니다. 예를 들어 이 책은 흥미로운 특징을 가지고 있으니…… 봅시다.

참견쟁이 : 두 책의 표지에서 가장 가까운 점 사이의 거리를 재보니, 파란색 표지의 그 책에서 정확히 25센티미터 4밀리미터 떨어져 있군요. 통통한 엄지손가락 10개 정도의 길이지요. 이크!

그녀 : 하지만 제가 흥미로운 책을 찾는다고 말한 건 그 책의 형태를 어떻게 묘사할 수 있느냐와는 별개로, 그리고 그 책을 삽입시킬 수 있는 목록들과는 별개로 정말 흥미로운 책을 찾고 있다는 뜻이에요. 이런 혹은 저런 것에 따라 상대적으로 흥미로운 게 아니라 그 책을 본질적으로 흥미 있게 만들어줄 수 있는 특성을 가지고 있어야 하는 거지요.

손님 : 그런데 책이 어떻게 본질적으로 흥미로울 수 있습니까? 각각의 사람들은 각자 다양한 취향과 흥미를 가지고 있습니다. 그래서 모든 건 상대적이지요.

참견쟁이 : 실례지만 잠깐만요. 혹시 선생의 책이 '모든 게' 흥미롭다는 것을 증명한다고 하지 않았습니까? 모든 게 흥미롭다면, 흥미롭다는 면에서 모든 사물들은 아무런 차이가 없을 것입니다. 만약 모든 책이 흥미롭다면, 그런데 흥미롭다는 게 어떤 독창성이나 새로움을 요구한다면, 흥미롭다는 면에서 책들은 모두 흥미롭지 않은,

더 정확히 말하면 따분한 책이 될 겁니다.

　그녀 : 그건 선생님이 방금 제게 준 전집 중 한 권에서 주장하는 것이지요. 책 제목이 『모든 것은 따분하다』군요. 이건 독창적인데요. 감사합니다. 마침내 저를 위한 책을 찾은 것 같아요.

자가당착에 빠진 단락들

　　단락 1 : 나 여기 있어. 난데없이 들이닥쳐서 미안해. 하지만 내가 이 대화의 첫번째 단락이 될 수 있어서 한없이 행복하다는 말을 해야겠어.

　　단락 2 : 넌 좋겠다. 난 두번째가 되어서 조금도 기쁘지 않아. 더욱 나쁜 건 이미 그렇게 되었기 때문에 더 이상 어떻게 할 수 없다는 거야. 난 여기서 영원히 꼼짝도 하지 못할 거야!

　　단락 3 : 그게 무슨 말이지?

　　단락 4 : 쟤한테 질문해 봐야 소용없어. 쟤 차례는 지나갔어. 너한테 대답할 수 없어. 대답해 줄 수 있는 건 기껏해야 나밖에 없어. 내가 해줄 수 있는 말은 이거야. '텍스트'는 원래의 것에서 달라질 수 없다는 거지. 한마디 더 보탤 수도 없고 쉼표 하나 뺄 수도 없어. 그렇게 되면 전혀 다른 텍스트가 될 테니까 말이야. 그리고 만약 본인이 어떤 대화의 첫번째 단락이 되었다고 말한다면 두 번째 혹은 세 번째 단락이 될 수는 없어. 두 번째 혹은 세 번째 단락이 첫번째 단락이 절대 될 수 없는 것과 마찬가지야. 예를 들어 난 이 대화의 네 번째 단락이야. 내가 그 사실을 분명히 말했기 때문에 난 네 자리를 치기한 상황 같은 건 상상조차 할 수 없어.

단락 5 : 하지만 난 이런 구속은 받지 않아, 맞지? 난 대화의 어느 부분에 등장해야 할지 정확히 말하지 못하니까 어디든지 아주 근사하게 나타날 수 있다고.

단락 6 : 제일 좋은 방법이다. 나도 거기 낄래!

단락 7 : 너희들에겐 미안한 말이지만 지금 너희들은 큰 실수를 하고 있는 것 같아. 내 생각에는 이 앞에 등장했던 단락들도 대화의 여러 지점에 등장할 수 있거든. 예를 들어 첫번째 단락은 두 번째 단락의 자리에도 훌륭하게 등장할 수 있어. 물론 그럴 경우 내용이 변하고 단락의 마지막 진술은 거짓이 되겠지. 그러나 그렇기 때문에 그와 같은 상황을 상상할 수 없는 것은 아니야. 간단히 말하자면 엄청난 거짓 진술들이 있는 셈이지. 지금 너희들에게 내가 이 대화의 여섯 번째 단락에 속해 있다고 말하고 있으니 나도 거짓이지. 그러니까 바로 너희들을 괴롭히려고 그런 거야. 그래서 네 번째 단락의 주장을 바로 이렇게 수정할 수 있어. 텍스트는 원래의 것에서 달라질 수 없다는 말은 사실이야. 하지만 다른 상황에서 텍스트는 자신이 말하는 것과 다른 무엇인가를 훌륭하게 말할 수 있어. 그 결과 지

금은 비록 거짓일 수도 있지만 사실이 될 수 있고 그 반대도 가능한
거지. 의미를 결정하는 것은, 그러니까 진실의 조건을 결정하는 것
은 전후관계야. 그러니까 특별한 경우, 대화의 두 번째 단락은 자기
가 등장한 곳과 다른 곳에 훌륭하게 모습을 보일 수 있는 거야.

　단락 8 : 천천히 좀 해, 머리에서 김이 나려고 해.

　단락 9 : 나도 이해하기가 힘들어. 어떻게 텍스트가 원래 자기가
말한 것과 다른 말을 할 수 있다는 거니?

　단락 10 : 난 이해할 수 있을 것 같아. 내 뒤에 오는 두 단락(11번과
12번)은 똑같거든. 하지만 한 단락은 진실을 말하는 반면 다른 단락
은 거짓을 말하고 있어. 모두 대화 내에서의 위치에 달린 거지. 이와
유사하게 같은 문장은 그것이 등장하는 전후관계에 따라 진실도 되
고 거짓도 되는 거야.

　단락 11 : 그러니까 난 이 대화의 열한 번째 단락이야.

　단락 12 : 그러니까 난 이 대화의 열한 번째 단락이야.

　단락 13 : 이거 정말 멋진데! 잘 생각해 보면 정확히 반대되는 두
개의 텍스트가 둘 다 진실인 경우도 있을 거야. 내 생각이 맞다면 다
음의 두 주장이 바로 그거지.

　단락 14 : 난 이 대화의 열네 번째 단락이야.

　단락 15 : 난 이 대화의 열네 번째 단락이 아니야.

　단락 16 : 훌륭해, 너희들 거의 성공했어. 사실 너희 둘 다 진실이
지. 그렇지만 잘 봐. 곰곰이 생각해 보면 너희들은 서로 반대되는 말
을 절대 하지 않았어. 둘 중 첫번째 단락은 자기 자신에 대한 무엇인

가를 말했고(그러니까 14단락이라고 말했지) 두 번째 단락도 자기 자신에 대해 무엇인가를(다시 말해 15단락이라고) 말했어. 너희들은 같은 말을 사용했지만 사실은 서로 다른 이야기를 했고 그래서 서로 반대될 수 없어. 너희 둘 다 진실이라고 해도 놀랄 건 하나 없지. 내가 보기에는 두 진술이 실제로 반대되는 말을 하고 있다면, 예를 들어 하나는 눈이 희다고 한 반면 다른 한 단락은 눈이 희지 않다고 말한다면 분명 두 진술이 모두 진실이라고는 할 수 없지.

단락 17 : 진실이면서 거짓인 진술, 다시 말해 진실인 동시에 거짓인 진술에 대해서도 할 말이 있어?

단락 18 : 물론이지! 거짓말쟁이의 역설을 생각해 봐.

단락 19 : '거짓말쟁이의 역설'이 뭔데?

단락 20 : 내가 지금 너에게 거짓말을 한다고 말하는 거지.

단락 21 : 네가 진실하다면, 네가 말한 게 사실일 거야. 그러나 이때 네가 거짓말을 했다는 게 사실이 되는 거고 그래서 넌 거짓이 되는 거야. 한편 네가 거짓이라면, 그건 네가 거짓말을 했다는 뜻이 돼. 그러나 이때 네가 말한 게 사실이 되니까 넌 진실한 게 되는 거야. 간단히 말하자면 네가 진실하면 넌 거짓이고 네가 거짓이면 진실하다는 거지. 이게 역설이야.

단락 22 : 그러니까 역설은 거짓말을 할 때 생기는 거야?

단락 23 : 일반적으로는 그래. 하지만 스스로를 직접 언급하지 않고도 역설에 빠지는 여러 가지 다양한 상황이 있어. 예를 들면……

단락 24 : 예를 들면 다음 문장은 거짓이라고 내가 말하는 거지.

단락 25 : 그리고 난 앞의 문장이 사실이라고 말하는 거야.

단락 26 : 있을 수 없는 일이야! 너희 둘 중 첫번째 문장이 진실을 말했다면 두 번째 문장은 거짓을 말했어야만 해. 이것은 첫번째 문장도 진실이 아니라 거짓이라는 뜻을 내포하게 돼. 하지만 첫번째가 거짓이었다면 두번째는 진실을 말한 게 틀림없고 이것은 첫번째도 거짓이 아니라 진실이었다는 뜻을 내포하게 되지. 결국 너희들은 악순환에 빠지고 마는 거야. 너희들이 거짓이라면, 그리고 거짓일 경우에만 진실인 거지. 있을 수 없는 일이야!

단락 27 : 역설적인 거라고 말하고 싶어!

단락 28 : 바로 진실인 동시에 거짓인 문장들 없이는 있을 수 없는 거지.

단락 29 : 그러니까 역설적인 모순에 빠지지 않고는, 우리는 절대 우리에 대해 ― 혹은 우리에 대해 말하는 텍스트에 대해 ― 말할 수 없는 거야?

단락 30 : 아니야, 멈춰, 이건 너무 서둘러 결론을 내리는 거야. 우리에 대해 말하는 것은 위험할 수 있지만 어떤 경우에는 전혀 나쁘게 없어. 예를 들어, 이 대화의 첫번째 단락은 어떤 역설에도 빠지지 않고 자기 자신에 대해 말했어. 우리는 빈대를 잡는다고 집을 태울 수는 없어. 조심해야 해.

단락 31 : 나 역시 역설에 빠지지 않아. 나는 내가 열여섯 단어로 이루어진 문장이라고 말하고 싶어.

단락 32 : 맞아!

단락 33 : 그러면 나도 내가 열여섯 단어의 문장이라고 말할래.

단락 34 : 틀렸어! 그렇지만 넌 역설적이진 않아. 넌 그냥 거짓이야.

단락 35 : 나 역시 역설적이지는 않아. 난 다음 문장이 거짓일 거라고 말할래(24번이 말했던 것처럼 말이야).

단락 36 : 난 눈(雪)이 빨갛다고 말할 거야.

단락 37 : 그러니까 역설은 부분적으로는 운명의 문제도 되는 거야. 동일한 문장이, 그것이 나타나는 전후관계에 따라 진실이나 거짓이 될 수 있는 것만은 아니거든(11번과 12번의 경우처럼 말이야). 같은 문장이 전후 상황에 따라 역설적일 수도 있고 그렇지 않을 수도 있어. 예를 들면 24번과 25번의 경우에서처럼 다음 문장이 말하는 바에 따르는 거지. 이 두 문장 중 첫번째는 악순환에 빠지게 되었고 두번째는 아니야.

단락 38 : 바로 그거야. 한 문장이 전후 상황에 달려 있다고 말하는 그 악순환이지. 우리가 전후 상황을 살피게 되면 24번과 35번은 절대 '같은' 것을 말하고 있지 않아(14번과 15번이 정반대 사실을 말하는 게 절대 아니었던 것처럼 말이지).

단락 39 : 사실 악순환으로 끝나지 않고도 역설에 빠지게 되는 상황들을 상상해 볼 수 있어. 모든 문장들이 자기 다음에 오는 문장들이 모두 거짓이라고 말하는, 끝없는 대화를 생각해 봐(아니 혹시 회화라고 해야 했나?). 이것은 끝없이 연속되기 때문에 순환성은 없어. 그렇지만 결과는 똑같이 역설적이야. 한편으로는 연속되는 문장들이 모두 다 거짓일 가능성은 없어. 다음 문장들이 모두 거짓이라고 말하는 어떤 문장은 진실을 말한 것일 수 있으니까. 또다른 한편으로 연속되는 문장들 중 그 어떤 문장도 진실일 수 없어. 진실한 문장이 되기 위해서는 거짓 문장만이 계속 뒤따라와야 하는데, 뒤를 잇는 문장들 중 어떤 문장의 거짓은 적어도 그 문장 뒤를 잇는 한 문장의 진실을 내포하고 있거든. 역설이지만 순환되지는 않아.

단락 40 : 사실 연속되는 문장에서 각 문장의 위치가 역설에 기본적인데…….

단락 41 : ……말하는 전후 상황에 달려 있는 게 분명해. 드디어 난 개념을 이해할 수 있을 것 같아. 어떤 경우든 발생 가능한 문제를 피하기 위해 난 문장, 진술 혹은 단락이 아니라 구체적인 것들만 말할 거야. '눈은 희다, 태양은 뜨겁다' 이런 말만 할 거야. 콘스탄티노플의 대주교는 절대 콘스탄티노플의 부제가 아니잖아. 난 언어와 메타언어를 구별하는 데 주의를 기울일 거야.

단락 42 : 널 반박하고 싶지는 않지만 넌 이미 자가당착에 빠졌어.

단락 43 : 너희들은 그렇게 즐거울 수 있으니 좋겠다. 난 그럴 수 없어. 이 대화의 마지막 단락이기 때문에 몹시 슬퍼. 더 나쁜 건, 이미 이렇게 되었기 때문에 달리 아무것도 할 수 없다는 거야. 난 영원히 여기서 꼼짝도 할 수 없을 거야!

단락 44 : 그럼 나는?

예측 불가능한 방문

그녀 : 오늘 그 짜증나는 당신 동료를 만났어. 그 결과 그 사람이 다음주에 우리 집을 방문하겠다는 약속을 하게 됐어.

그 : 언제 올 생각이래?

그녀 : 나도 몰라. 다음 주중에 하루 잡아서 올 건데 언제 올지는 미리 알려주지 않을 거라고 했어. 자기는 깜짝 방문을 하고 싶다는 거야. 아직 시작도 하지 않은 한 주가 완전히 망가지게 됐어.

그 : 오, 아니야. 걱정하지 마. '잘 생각해 보면' 방문을 하지 않을 수도 있어. 우리를 깜짝 놀라게 하고 싶다고 했지, 안 그래? 그런데 오늘은 일요일이야. 그러니까 다음주 일요일, 즉 방문 가능한 날 중 마지막 날에 오지 않을 건 확실해. 왜냐면 토요일이 되었을 때 그 친구가 방문할 것을 정확히 예측할 수 있게 되잖아. 그 친구가 방문하

기 전에 그 사실을 알 수 있고 그렇게 해서, 그가 약속했던 것과는 정반대로 완전히 준비를 하고 있을 수 있어.

그녀 : 그럼 방문 가능한 마지막 날이 토요일이라는 걸 의미해.

그 : 하지만 이 가정도 제외시켜야 해. 그렇지 않다면 금요일 저녁에 우린 벌써 예상을 할 수 있을 거야. 금요일쯤이면 사실 이틀밖에 남아 있지 않았으니 아까 말했듯 이 이틀 중 하루(일요일)는 제외되고, 우리를 놀라게 해주고 싶었다니까 토요일에도 오지 않을 게 분명해. 같은 이유로 해서 우리는 금요일에도, 목요일에도 오지 않을 거라고 확신할 수 있어. 그렇게 월요일까지 가는 거지. 그러니까 우리가 겁낼 건 아무것도 없어. 그 친구는 절대 방문하지 않을 거야.

그녀 : 잠깐만. 그런데 만약 그 사람이 당신의 추론을 무시하고, 어느 날 밤 우리 집에 나타나면?

그 : 그 친구가 절대 올 수 없다고 내가 방금 설명했잖아. 만약 온다면 그건 자기 약속을 깨는 게 돼.

그녀 : 난 그렇게 확신할 수가 없어. 목요일에 그 사람이 진짜 온다고 가정해 봐. 우리가 목요일에는 올 수 없다고 믿고 있었기 때문에 그의 방문은 갑작스러운 것이 돼. 그 방문이 갑작스러운 것이었기 때문에 그 사람은 약속을 지킨 게 되는 거지. 일요일이나 다른 어떤 날 온다고 해도 똑같아. 당신의 추론을 통해, 갑작스러운 방문을 증명하기가 불가능하다고 단언했기 때문에, 어느 날 그 사람이 방문을 해도 그건 우리를 놀라게 해. 바로 당신의 잘못된 추론 때문에 놀라는 거지.

그 : 미안하지만 당신은 어디가 잘못되었다고 생각하는 거야?

그녀 : 그저 내가 보기에는 당신 친구는 다음 주중의 어느 날이 아니라(혹은 결정된 어느 기간 중의 하루가 아니라) 앞으로 어느 날 우리를 방문하겠다고 위협한 것 같아. 그래서 가능성이 있는 마지막 날, 그리고 그 전날을 제외시키다가 첫날까지 가는 당신의 추론은 옳지 않은 거야. 가능성이 있는 마지막 날이 없다면 추론의 첫발을 떼어놓을 수조차 없을 테니까.

그 : 동의할 수 없어. 사람은 영원히 사는 게 아니기 때문에 내 친구는 유한한 시간 안에 약속을 지킬 수 있어. 아주 먼 미래의 어느 날을 선택해서 아무리 길게 추론을 해봐도 같은 결과를 얻게 될 거야.

그녀 : 그래. 하지만 날짜를 길게 연장한다는 게 문제의 성질을 바꾸지는 않아. 문제는 날짜를 단축시켜도 바뀌지 않지. 그 사람이 이렇게 말했다고 상상해 보자고. "내일이나 모레 갈게요. 하지만 당신들을 놀래주고 싶으니 날짜는 정확히 말하지 않을래요." 당신의 추론에 따르면 우리는 먼저 모레를, 그리고 내일을 제외시킬 수 있어. 그러니까 당신 친구가 오지 않을 거라는 결론을 내릴 수 있지. 하지만 당신 친구가 갑자기 우리를 방문하는 걸 막을 수 있는 건 아무것도 없어. "내일 갈게요, 그렇지만 당신들을 놀래주고 싶어"라고 말했을 경우에만 우리는 반론을 제기할 권리가 있는 거야. 내일 당신 친구는 물론 방문할 수 없어. 그렇지 않으면 자기 말을 부정하는 게 될 거야.

그 : 그러면 어디에 오류가 있는 거지?

그녀 : 아마 이 마지막 경우에 대한 설명 속에 대답의 일부가 담겨 있을 거야. 결론을 정확히 정리하면 내일 당신 동료는 오지 않을 거야. '만일 온다면' 그는 자기모순에 빠지게 돼. 더 정확히 말하자면 그는 자기 약속(우리를 놀래주고 싶다는)을 지킬 수 없게 되는 거지. 분명 당신 동료는 방문을 해서 자기 약속을 지키지 않을 수 있는 자유가 있기 때문에, 명확히 하는 게 중요해. 그러니까 일 주일 중 어느 날 방문할 수 있다고 약속한 경우에도 우리가 당신의 방법에 따라 추론하며 끌어낼 수 있는 결론은 당신 동료는 일요일에 오지 않을 수 있다는 게 아니라 다만 자기 약속을 무효로 만들지 않으려면 일요일에 올 수 없다는 것뿐이야. 자기 약속을 무효로 만들지 않으려면 토요일에 올 수 없어. 계속 그런 식이 되는 거야. 자기 약속을 무효로 만들지 않으려면 일 주일 중 그 어느 요일에도 올 수 없어. 그렇지만 이것이 그가 올 수도 있다는 점을 배제할 수는 없어.

그 : 당신 말이 맞아. 그 사람은 약속을 지키지 않고 올 수 있어. 안타깝지만, 약속을 지키지 않을 자유는 누구에게나 있으니까.

그녀 : 이건 당신의 추론 속에 담긴 실수를 일부분 설명해 줘. 당신 동료가 목요일 저녁에 방문한다는 사실은(가정을 해보자면) 논리적으로 모순되지 않아. 논리적으로는 그 사람이 자기 약속을 저버리지 않은 채 방문할 수 있는 경우만을 제외하니까. 그러나 여기서 끝나는 것은 아니야. 유감스럽게도 우리가 본 대로 목요일에 그 사람이 방문한다는 것은 자기 약속을 어긴 게 절대 아니니까. 물론 우리를 놀라게 할 수 있는 거야.

그 : 악순환에 빠지고 만 것 같은데. 그 친구가 자기 약속을 지킬 거라고 가정을 해보면 우린 논리적으로 그 친구가 방문할 수 없으리라는 추론을 할 수 있어. 그렇지만 이건 그가 약속한 내용을 지키지 않는 거야. 그가 자기 약속을 지키지 않을 거라고 가정을 해보면 우리는 그가 방문하게 될 날을 논리적으로 추론하기 위한 이성적인 토대를 더 이상 가질 수 없게 돼. 그렇지만 이건 약속 그 자체를 증명하게 되겠지. 간단히 말해 내 동료는 약속을 지키면 결국 약속을 위반하게 돼. 하지만 약속을 위반하면 결국 약속을 지키게 돼.

그녀 : 정말 거짓말쟁이의 역설 같아.

그 : 어떻게 벗어날 수 있지?

그녀 : 내가 보기에 해결책은 분명한 것 같아. 오류는 '처음' 당신 추론에 있는 것 같아. 우리는 당신 동료가 일요일에 올 수 없다는 것을 분명하게 추론해 낼 수 없어. 그가 자기 약속을 무효로 만들지 않으려면 일요일에 올 수 없다는 것도 분명하게 추론해 낼 수 없어. 토요일 밤이 되었을 때 우리가 추론해 낼 수 있는 것은 이게 전부야. "내일 당신 동료가 오겠지만 지금은 그것을 알 수 없어. 아니면 내일 당신 동료가 오지 않겠지만 지금은 그것을 알 수 없어. 아니면 내일 당신 동료가 올 거고 지금 우리는 벌써 그 사실을 알고 있어(하지만 그가 오지 않을 수 있는 가능성이 아주 많기 때문에 이 말은 사실이 아니야). 혹은 내일 당신 동료는 오지 않을 거고 우리는 이미 그 사실을 알고 있어(그에게는 방문할 자유가 있기 때문에 이것 역시 사실이 아니야)." 유일하게 가능성이 있는 건 처음의 두 가정이야.

그 : 만약 두 번째 가정이 증명된다면 내 동료는 거짓말쟁이라는 뜻이 되겠군(방문한다는 약속을 지키지 않기 때문에). 첫번째 가정이 증명된다면 정반대의 뜻이 되겠지(그가 약속한 대로 우리를 찾아와서 놀라게 할 테니까).

그녀 : 바로 그거야. 도덕이란 우리가 관계를 맺고 있는 사람의 유형에 완전히 종속되어 있는 거야. 당신의 그 짜증나는 동료는 거짓말쟁이일까, 아니면 자기 약속을 늘 지키는 사람일까?

마법의
케이크

그녀 : 정말 맛있는 저녁이었어. 어떻게 감사의 인사를 해야 할지
모르겠어.

그 : 천만에. 당신도 알다시피 내가 요리를 좋아하잖아.

그녀 : 그래, 하지만 난 당신에게 이렇게 해줄 수 없었어. 무엇보
다 난 내가 케이크를 잘 만들지 못한다고 생각하거든. 당신이 만든
자허케이크(초콜릿 스펀지 케이크 – 옮긴이)는 내가 먹어본 중에 제일
맛있어. 내가 자허케이크를 얼마나 좋아하는지 알지?

그 : 기분좋군. 그런데 이상한 맛 못 느꼈어?

그녀 : 이상한 맛? 전혀. 너무 맛있어. 왜 그런 걸 묻지?

그 : 고백할 게 하나 있거든. 자허케이크가 마법의 케이크였을 수
도 있어(이렇게 표현해도 된다면 말이야).

그녀 : 무슨 말이야?

그 : 이 작은 병 보여? 이 속에 내 마법의 약이 담겨 있어. 몇 방울만 삼키면 한 시간도 안돼서 살이 초록색 털로 뒤덮이지. 초콜릿 크림을 반죽할 때 이 약을 두 티스푼 넣었을 수도 있어.

그녀 : 두 티스푼? 초록 털? 그게 대체 무슨 농담이야? 그런데…… 당신 말이 무슨 뜻인지 잘 알았어. 자허케이크는 당신도 먹었잖아. 우리 둘 다 털북숭이 동물이 될 거라는 말은 아니겠지?

그 : 물론 아니야. 자허에 진짜 마법을 걸었다는 말은 안 했어. 그럴 가능성이 있다고 말했지. 어쨌든 해독제는 있어. 이 작은 상자에 들어 있지. 한 알만 삼키면 마법의 약의 효과는 사라지게 돼. 물론 한 시간 이내에 약을 먹어야 해.

그녀 : 그럼 약 좀 줘. 당장 먹게. (이거 정말 마음에 안 드는 이야기야)

그 : 잠깐만 기다려. 내 말 다 안 끝났어. 해독제는 실제로 약을 먹은 사람에게만 효과를 보여. 약을 먹지 않은 사람에게는 안타깝게도 치명적인 부작용이 있어. 완전 대머리가 될 수 있거든.

그녀 : 갈수록 태산이군. 대체 당신이 하려는 말이 뭔데?

그 : 이렇게 하자고. 난 자허에 약이 정말 들어갔는지 아닌지 알아. 그래서 난 해독제를 먹어야 할지 말지를 알고 있어. 그걸 모르는 건 당신이지. 그렇지만 당신에게 내가 한 가지 사실을 확실하게 말할 수 있어. 난 당신이 해독제를 먹을 거라고 예상할 경우, 그리고 그런 경우에만 약을 넣었어.

그녀 : 좀더 자세히 설명해 봐.

그 : 당신도 알다시피 내가 예측하는 걸 좋아하잖아. 내가 한 번도 실패하지 않는다는 것도 알잖아(예를 들면 난 당신이 정각 8시 32분 13초에 저녁식사를 하러 올 거라고 내기를 걸었고 그렇게 됐어). 그래서 당신이 해독제를 먹을지 안 먹을지에 대해서도 예측을 하고 싶었어. 당신이 그것을 먹을 거라고 예상할 경우 난 자허 반죽에 마법의 약을 넣었어. 이런 식으로 하면 이 해독제의 부작용이 전혀 나타나지 않을 거고 당신에겐 아무런 위험도 없게 되지. 난 당신이 대머리가 되는 건 싫거든. 하지만 당신이 해독제를 먹지 '않을' 거라고 예상할 경우 물론 난 마법의 약을 넣지 않았어. 당신이 초록 털에 뒤덮이는 건 더 싫거든. 그러니 당신은 내가 예상한 대로만 하면 돼. 겁낼 것 하나도 없어.

그녀 : 뭘 예상했는데?

그 : 그건 말할 수 없어.

그녀 : 당신이 예상한 그대로 내가 행동할 거라는 확신은 어디서 얻은 건데?

그 : 그게 바로 중요한 점이야. 난 달리 할 말이 없어. 당신은 내 예측 능력을 믿어야만 돼. 그런데 어떻게 할래, 해독제를 먹을 거야 말 거야?

그녀 : 그냥…… 당신이 하라는 대로 할 테야.

우리의 두 등장인물이 그후 어떤 결정을 했는지는 우리에게 알려지지 않았다. 그러나 사실 중요한 것은 그녀가 자발적으로는 아니라 해도 옳은 결정을 취했으리라는 점이다. 논리학은 여기서도 이용 가능하나, 오늘길이 갈라진 때마다 옳은 길로 들어서는 데 필요한 것이다.

아리스토텔레스가 논리학을 정확한 추론의 공식화를 위한 실제 도구인 진정한 오르가논(학문 연구의 도구 – 옮긴이)으로 생각한 것은 우연이 아니었다. 그와 같은 정확한 추론은 우리가 진실에서 진실로(혹은 이미 알고 있는 것에서 진실로) 나갈 수 있게 해주며 결코 거짓으로 인도하지 않는다. 이것은 원치 않는 깜짝 방문의 일화에서 볼 수 있듯이, 이런 행동 속에서 종종 가장 단순한 사실에 대해서도 의심을 품게 되고 위험한 역설 속으로 빠져드는 일이 있을 수 있다는 말이다.

그러나 논리학은 실제만이 아니라 이론이라고도 말할 수 있다. 다른 이론의 경우에서처럼(물리학, 심리학과 사회학까지) 주제가 현실 세계와 일치하는 것이 아니라 오히려 가능한 모든 세계를 포함하는 우주를 끌어안으려 하는 이론이다. 논리학은 가능한 것과 그렇지 않은 것을 우리에게 말해 준다. 그렇게 함으로써 우리의 정신적 지평을 열고 우리의 지역주의를 극복하고 명백한 사실 그 너머까지 나아갈 수 있는 자유로운 사고를 갖게 해준다. 그러나 그와 같은 것들을 추상적으로 이야기할 필요는 없을 것이다. 우리의 이야기에는 꼬리말이 하나 더 있다.

꼬리말

만능 프로젝트

여기서는 드디어 정체를 파악할 수 없었던 참견쟁이의 실체가 드러난다. 참견쟁이는 기업 문화에 대해 젊은이를 열성적으로 가르치기 전에, 논리학 법칙에 대해 절제되면서도 세심하게 재검토하는 것이 얼마나 바람직한지를 단호하게 보여준다.

발신 : 연구개발부 ㅣ 수신 : 전 부서

지난 5년 동안 우리 부서에서 개발했으며 회사에서 거액을 투자한 제품인 만능 산(酸)에 대한 특허가 오늘 날짜로 등록되었음을 여러분에게 알려드립니다. 이 제품이 모든 시험을 통과했음을 알려드리게 되어 무엇보다 기쁩니다. 이 제품은 우리에게 알려져 있는 자연재료와 화학재료들을 모두 부식시키고 모든 막에 구멍을 뚫었습니다. 부식이 필요한 모든 공정에 혁명을 일으킬 제품입니다. 우리는 지금 생산 단계에 들어가 있습니다. 각 부서의 모든 직원들, 특히 홍보부에서는 판매를 개시할 준비를 해주시기 바랍니다.

발신 : 이사회 | 수신 : 연구개발부

특허를 받아 기쁩니다!

발신 : 참견쟁이 | 수신 : 이사회

저는 이 제품의 생산에 들어가기 전에 기술적인 문제를 검토해 보는 것이 좋을 거라는 점을 조심스럽게 지적하고 싶습니다. 산이 만능이라면 그것을 어떻게 상품화할 수 있습니까? '정말' 산이 만능이라면 모든 것을 부식시킬 것입니다. 그것을 포장할 용기까지 말입니다.

발신 : 연구개발부 | 수신 : 전 부서

지난 5년 동안 우리 부서에서 개발했으며 회사에서 거액을 투자한 제품인 만능 용기에 대한 특허가 오늘 날짜로 등록되었음을 여러분에게 알려드립니다. 이 제품이 모든 시험을 통과했음을 알려드리게 되어 무엇보다 기쁩니다. 이 제품은 우리에게 알려진 모든 자연산과 화학 산에 저항할 수 있습니다. 어떤 형태의 부식이든 그것을 피해야 하는 모든 공정에 혁명을 일으킬 제품입니다. 우리는 지금 생산 단계에 들어가 있습니다. 각 부서의 모든 직원들, 특히 홍보부에서는 판매를 개시할 준비를 해주시기 바랍니다.

발신 : 이사회 | 수신 : 연구개발 부서

훌륭합니다! 참견쟁이가 편지에서 제기했던 문제도 이렇게 해서 해결이 되었습니다. 만능 용기 덕분에 우리는 실제로 만능 산에 적합한 포장을 할 수 있을 것입니다. 마침내 우리 회사의 여러 팀들이 프로젝트에 협력해서 성공한 것입니다!

발신 : 참견쟁이 | 수신 : 이사회

저는 우리 회사가 겉으로 볼 때처럼 그렇게 잘 운영되고 있지 않다는 점을 매우 조심스럽게 지적하고 싶습니다. 우리는 만능 산과 만능 용기에 투자를 했지만 처음 프로젝트를 위해 일한 사람들은 두 번째 프로젝트에서 일하는 사람들을 전혀 모르는 것 같습니다. 반대의 경우도 마찬가지입니다. 따라서 무엇인가를 생산하고 판매하기 전에 해결해야 할 중요한 문제가 있습니다. 산이 정말 만능이라면 모든 것을, 용기까지 부식시키게 될 것이고 그렇게 되면 용기는 만능이 될 수 없습니다. 반대로 용기가 진짜 만능이라면 그 어떤 것에 의해서도, 산에 의해서도 부식되지 말아야 합니다. 그러니 산은 만능이 될 수 없습니다. 선택을 해야 한다고 생각합니다. 우리는 우리 잠재적 고객 절반의 정직한 기대를 속이지 않고는 두 제품 모두를 생산할 수는 없습니다.

발신 : 이사회 I 수신 : 참견쟁이

참견쟁이 씨, 우리는 당신을 당장 해고하기로 했습니다! 회사에 의심과 비판을 가하는 사람을 더 이상 용납할 수 없습니다. 우리는 이 훌륭한 계획을 위해 많은 인원과 방법을 동원했습니다. 그러므로 부식되느니 되지 않느니, 만능이니 아니니 하는, 트집을 잡기 위한 말장난 때문에 의기소침해질 수는 없습니다. 결국 대중이 원하는 것은 확실한 제품들입니다. 모든 것을 부식시키는 산과 아무것에도 부식되지 않는 용기입니다. 우리는 둘 다를 제공할 수 있습니다!

발신 : 참견쟁이 I 수신 : 이사회

이사회 귀중, 저는 우리 연구원들의 실험도 홍보부의 성실성도 의심하고 싶지 않습니다. 저는 그저 회사의 철학자라는 제 임무에 충실했을 뿐입니다. 우리가 논의하고 있는 문제는 과학의 문제도 마케팅의 문제도 아닙니다. 논리의 문제입니다. 두 프로젝트 모두 각기 이론상으로는 실현 가능합니다. 그러나 두 가지 모두를 제품으로 만든다는 것은 이론상으로 불가능합니다.

후기

　이 책에 등장하는 그와 그녀는 현실성이 없어 보이는 우화에는 거의 등장시키지 않았다. 우리의 등장인물들은 자신들의 기이함을 어떻게 용서받아야 할지 모른다. 그래서 자신들의 입장을 변명하기 위해 고전과 현대 작품들에 호소한다. 잘 살펴보면 우화들 속에는 등장인물들의 의사와는 별개로 철학자들의 사상이 숨어 있다.

　매튜 슬레이터, 데이비드 차머스를 비롯해 시대적으로 우리와 멀리 떨어져 있는 콩도르세와 장 찰스 드 보르다 등의 철학자들은 때로는 점원으로 때로는 참견쟁이로 등장하여 논증을 하는 데 도움을 주었다. 또 이 글을 쓸 때 여러 입장에서 우리의 친구가 되어주었던 존 콜린스, 마우리치오 페라리스를 비롯하여 기차와 비행기에게도 감사한다.

　이 우화의 대부분은 마테오 페리콜리의 삽화와 함께 일간지 『라 스탐파』에 실렸었다. 페리콜리에게 감사한다. 『미학 잡지』에 실렸던 「자가당착에 빠진 단락들」은 로젠버그 앤 셀리에 출판사의 양해를 얻어, 「무의미한 타임머신 프로젝트」는 『필로소피』지에 발표된 것으로 케임브리지 대학 출판부의 양해를 얻어 싣게 되었다.

당연한 것은 과연 당연한 것일까?

김영건(계명대학교 연구교수)

조금만 생각해 보면 우리에게 친숙한 일상적 사건 속에는 많은 철학적 문제들이 숨어 있다. 그러나 우리는 철학이란 우리와 상관없는 것이라고 생각한다. 철학은 오직 철학자들만이 하는 것이며, 따라서 나와는 철저하게 상관없는 것이라고 생각한다. 게다가 그 자세한 내용을 살펴보기도 전에 이미 철학은 어렵고 재미없으며 공허한 말장난이라고 생각한다. 이 책, 『논쟁의 대가들』은 바로 철학에 대한 이러한 생각이 잘못되었다는 것을 여러 가지 재미있는 이야기나 에피소드를 통해 보여주고 있다.

여기에 실려 있는 39가지의 이야기들은 그냥 단순한 이야기가 아니다. 이야기 하나하나가 진지하게 생각할 철학적 문제들을 담고 있다. 그러나 그냥 단순한 이야기로 읽어도 상관없을 것이다. 아마도 이 기발하고 때로는 환상적인 이야기를 읽으면서 우리는 아주 자연스럽게 철학적 문제와 친숙해질 수 있는 효과를 얻을 수 있다.

가령 타임머신에 대한 이야기도 그렇다. 타임머신을 타고 우리가 과거로 돌아가는 경우 우리는 그 과거 사건에 개입할 수 있는 것인가? 개입한다면 역사는 현재 우리가 알고 있는 역사와 다른 모습으로 나타난다. 이렇게 해도 괜찮은 것인가? 개입하지 않는다면 도대체 많은 비용을 들여 타임머신을 개발할 필요가 있겠는가? 이미 결정된 과거의 역사적 사실과 우리 인간의 자유스러운 개입은 필연성과 우연성, 정해진 운명과 그것을 극복하는 우리의 의지라는 중요한 철학적 문제를 제기하고 있다. 우리는 타임머신에 대한 흥미로운 가공의 이야기를 읽음으로써 은연중에 이러한 철학적 문제에 한발 가까이 다가가게 된다. 바로 이것이 이 책의 가장 큰 장점이다.

그 이야기들이 기발하고 환상적이기 때문에 우리가 살고 있는 세계와 아무 상관이 없는 것이라는 인상을 받을 수 있지만, 그러나 이러한 인상은 적어도 다음 두 가지 이유에서 잘못된 것이다. 첫째, 이 책의 독특한 이야기들은 어떤 사물이나 사건을 다르게 생각할 수 있다는 가능성을 보여주고 있다. 로또복권에 대한 이야기는 이 점을 잘 보여준다. 왜 복권은 너무도 어렵게 당첨되는 극소수의 사람들에게 거금을 주는 것일까? 오히려 거꾸로 당첨되는 사람이 거금을 지불하고 당첨되지 않은 대다수의 사람에게 작은 돈을 주는 그런 로또복권은 안되는 것인가? 왜 이러한 로또복권은 불가능한 것일까? 이런 뒤바뀐 경우를 상상해 봄으로써 우리가 로또복권이나 그러한 복권을 사는 우리의 기대감의 정체를 분명하게 반성할 수 있다는 것이다.

둘째, 철학은 세계와 우리 자신에 대한 일종의 개념적 반성이다. 바로 이 점 때문에 철학은 관찰과 실험에 의존하는 과학과 구분된다. 이 책이 보여주고 있는 가공의 이야기는 바로 철학이 지닌 이런 특성을 매우 잘 보여준다. 우리가 아주 당연하게 생각하고 있는 관념이나 개념들에 대해서 그렇지 않을 수도 있다는 가능성을 보여줌으로써 우리를 개념적 반성으로 향하도록 이끈다. 가령 시간과 공간에 대한 에피소드들이 그렇다.

우리는 아주 당연하게 시간은 객관적이며 우리에게 통용되는 시간은 어디에서나 동일하게 적용된다고 생각한다. 우리는 사계절의 순환을 아주 당연한 것으로 받아들인다. 나아가 이러한 순환이 자연의 법칙일 뿐만 아니라 우리 인생의 법칙이라고 생각하는 경향도 있다. 또 우리는 우리가 살고 있는 이곳이 바로 세계의 중심이라고 은연중에 생각한다. 그런데 이러한 생각과 개념들은 과연 정당한가? 바로 여기에 실려 있는, 흥미로운 상상력에 가득 찬 에피소드들이 이런 물음을 우리에게 던지면서 우리로 하여금 개념적 반성을 할 수 있게 해준다.

논쟁 1라운드 : 우리는 거울을 통해 자신을 본다. 우리는 거울을 통해 자기 자신을 관찰하고, 자기 자신에 대해 생각한다. 이러한 거울의 특성 때문에 자신의 의식에 대해 관심이 많았던 시인 이상(李箱)은 골방 속에서 거울을 만지작거리며 논다. 그런데 거울 속에 비친 나는 도대체 무엇인가? 그것은 여기에 실제로 있는 나에 대한 영상인가? 혹시 여기에 이렇게 존재하고 있는 내가 거울 속에 있는 나에 대한 영상은 아닐까? 따라서 나에 따라 거울 속에 있는 내가 움직이는 것이 아니라, 그와 반대로 거울 속에 있는 나에 따라 여기에 있는 내가 움직이는 것은 아닐까?

'논쟁 1라운드'는 바로 이런 의문에서 시작하고 있다.

　과연 이러한 의문은 쓸데 있는 의문인가? 분명한 사실은 매우 많은 철학자들이 이러한 의문을 끊임없이 제시하고 그것에 대해서 골똘하게 생각했다는 것이다. 가령 장자(莊子)는 나비꿈을 꾼다. 꿈 속에서 본 나비가 너무나 생생하기 때문에 장자는 자신이 나비꿈을 꾼 것이 아니라, 오히려 나비가 장자에 대한 꿈을 꾼 것이 아닌가 의심한다. 또 표현 방식은 다르지만 데카르트도 비슷한 생각을 보여준다. 지금 나는 깨어 있는 것인가? 아니면 꿈을 꾸고 있는 것인가? 내가 꿈을 꾸고 있는 것이 아니라, 차가운 의식으로 깨어 있다는 것을 어떻게 증명할 수 있는가?

　만약 내가 나비꿈에 나타난 존재에 지나지 않는다면, 그리고 내가 깨어 있는 것이 아니라 단지 꿈꾸고 있는 존재에 지나지 않는다면, 분명히 나는 능동적인 존재가 아니다. 동시에 나는 어떤 주체적 존재도 아니다. 따라서 나는 능동적이며 주체적으로 사고하고 행동하는 자유 존재도 아니다. 그러나 과연 나는 수동적이며 타율적이며 자기 의지도 없는 그런 존재에 불과하단 말인가?

　논쟁 2라운드 : 내가 주체적이며 자유 존재라는 것을 어떻게 입증할 수 있는가? 데카르트는 그 유명한 "나는 생각한다. 그러므로 나는 존재한다"는 주장을 통해 사유하는 주체로서 내가 존재한다는 것이 바로 제아무리 의심해도 의심할 수 없는 진리라고 설파한다. 그러나 과연 우리는 정신을 가진 사유 주체인가? 바로 '수면제 좀비 제약회사'라는 재미있는 이야기는 이 점을 묻고 있다.

　'좀비'란 무엇인가? 그것은 우리와 단 한 가지 측면을 제외하고 모든 것이 동일하다. 그것은 우리처럼 말하고 생각하며 행동하는 것처럼 보인다. 그러나 좀비는 우리와 다르게 의식 혹은 정신이 없는 존재이다. 비록 의식이나 마음이 없다고 해도 그것이 행동하는 양태는 우리 인간과 동일하다. 나와 좀비의 차이를 만들어주는 이 의식이란 것이 과연 존재하는 것일까?

분명히 의식을 통해서 우리는 자신에게 정체성을 부여한다. 달리 말해서 기억이라는 것이 우리 정체성 혹은 동일성의 기준이다. 그런데 기억이 상실된 사람의 경우는 어떠한가? 살인 기억을 완전히 잊어버린 죄수가 계속 감옥에 있어야 하는가? 이 죄수의 예에서 볼 수 있듯 의식의 문제 혹은 정체성의 문제는 단지 철학적 흥미를 위한 문제가 아니다. 그것은 현실 생활에서 중요한 책임의 문제와 연관되어 있다.

논쟁 3라운드 : 우리가 살고 있는 이 세상은 어떤 세상인가? 이 세상에서 일어나는 모든 것이 다 우연적으로 일어나는 것인가? 아니면 그러한 우연의 배후에는 어떤 필연성이나 법칙성이 존재하는 것일까? 현실적 우연성이 우리 삶에 개입하지만, 그러나 그러한 우연성은 논리적인 가능성을 벗어날 수 있는가?

논쟁 4라운드 : 분명히 우리가 살고 있는 이 세계는 시간과 공간 속의 세계이다. 그런데 이 시간과 공간이란 것이 무엇인가? 과연 시간과 공간은 절대적인 것일까? 아니면 상대적인 것에 불과한가? 지금 아침 9시이지만 이 시간에 런던의 시간은 아침 9시가 아니다. 분명히 동일한 시간인데도 서로 시간이 다르다. 이러한 상대성의 문제는 시간뿐만 아니라 공간적으로도 나타난다. 도대체 어디가 안이고 어디가 바깥일까? 곰곰이 생각하면 우리가 아주 당연하게 여기는 모든 것들에는 해결하기 어려운 철학적 수수께끼들이 숨어 있다.

논쟁 5라운드 : 언어와 실재, 언어철학적 문제와 형이상학적 문제에 대한 우화가 제시되고 있는 것이 바로 이 장이다. 철학의 오래된 수수께끼인 일(一)과 다(多)의 문제, 개체와 그 개체를 구성하고 있는 부분의 문제 등이 재미있게 소개되고 있다. 중요한 것은 이런 문제들이 단지 말장난에 불과하다고 생각해서는 안된다는 것이다. 바로 철학은 우리가 세상에 대해서 생각할 때 의존할 수밖에 없는 개념적 문제를 다룬다.

논쟁 6라운드 : 우리가 사용하는 언어에 대해서 우리는 대체로 사소하게 여기는 경향이 있다. 그래서 언어란 생각을 전달해 주는 도구일 뿐이며 우리 마음대로 바꿀 수 있다고 생각한다. 그러나 하이데거는 "언어는 존재의 집"이라고 주장한다. 분명히 우리는 언어의 감옥에 갇혀 있다. 이런 의미에서 언어는 우리의 생각을 형성시켜 주는 어떤 틀이다. 이러한 언어가 우리에게 제시하는 철학적 문제들을 소개해 주고 있는 것이 '논쟁 6라운드'이다.

언어는 문맥을 통해 사용된다. 가급적 애매성과 모호성이 없도록 언어를 정의해야 하지만, 언어에 대한 정의는 순환성에서 벗어나기 어렵다. 단어의 의미는 이미지, 그림, 심적 영상이 아니며, 우리의 언어는 서로 긴밀하게 연관되어 있다. 바로 비트겐슈타인이 『철학적 탐구(Philosophical Investigations)』에서 전개한 사상을 이야기를 통해 명료하게 보여준다.

논쟁 7라운드 : 우리가 사용하는 대부분의 말은 모호하다. 모호함이란 그 말을 정확하게 사용할 수 있는 기준이 없다는 것이다. 도대체 어떤 '대다수'의 말이 모호하다는 것일까? 바로 '대다수'라는 말이 모호하다. 도대체 다수라는 것이 무엇인가? '논쟁 7라운드'는 이 다수라는 모호한 말이 품고 있는 수수께끼를 보여주고, 그것이 우리가 준수해야 할 법과 관련해서 어떤 철학적 문제를 만들어내는지 소개하고 있다. 이러한 우화는 우리에게 무엇을 암시하는가? 바로 철학적 작업이 우리의 일상적 삶과 동떨어져 있지 않다는 것을 보여준다.

논쟁 8라운드 : 여기에서는 아주 유명한 논리적 역설들이 소개되고 있다. 역설이란 무엇인가? 그것은 아주 분명하게 '참'으로 보이는 두 개의 진술이 함께 존재할 수 없을 때 일어난다. 가령 다음 두 진술을 보자.

(가) 약사는 모든 경우에 환자에게 그 약에 대한 정확한 정보를 주어야 한다.
(나) 약사는 플라세보의 경우 환자에게 그 약에 대한 정확한 정보를 줄 수 없다.

가령 약사는 모든 경우에 환자에게 약에 대한 정확한 정보를 주어야 한다. 그런데 플라세보 효과를 보여주는 약은 그렇지 못하다. 따라서 약사는 플라세보의 경우 환자에게 그 약에 대한 정확한 정보를 줄 수 없다. 이 (가)와 (나)가 만들어내는 역설을 어떻게 해결할 수 있는가?

이러한 철학적 문제들을 담고 있는 이 책은 쉽고 재미있게 읽을 수 있지만, 각각의 에피소드에 담겨 있는 철학적 문제들은 결코 가볍지 않다. 많은 철학책들이 인생에 대한 막연한 교훈을 우화로 포장하여 제시하고 있는 것에 반하여 이 책은 흥미로운 가공의 에피소드를 통해 스스로 철학적 문제들에 대해서 생각하게 만들어준다.

물론 몇 가지 예외를 제외하고 이 책에서는 그 철학적 문제에 대한 답변을 생략하고 있다. 또 그러한 물음에 답변하려고 노력했던 철학자들의 시도들을 소개하고 있지도 않다. 바로 이것은 이 책의 저자가 에피소드들을 통해 제시하는 철학적 문제들에 대해 우리 스스로 생각해 보게 하려는 의도처럼 보인다. 인터넷과 미디어의 시대에 걸맞게 철학을 저쪽에 밀쳐놓은 독자가 있다면, 이들 유쾌한 주인공들이 펼치는 논쟁에 한번 귀기울여 보자. 자신과 세계에 대한 우리의 철학적 사유는 한층 성숙해질 것이다.

역설과 상상력으로 일상 뒤집어보기

『논쟁의 대가들』은 39개의 철학적 우화들로 이뤄진 책이다. '철학'이라고 하면 왠지 일상적인 삶을 살아가는 사람들과는 관련이 없어 보이고, 무겁고 사변적일 것이라 생각할 수도 있지만 이 책은 철학에 대한 이런 편견을 말끔히 씻어준다. 이 책에 담긴 이야기들은 모두 일상적인 사건들에서 출발해 우리가 당연하게 받아들이는 일들에 의문을 제기한다. 철학적 의미들을 내포하고 있고, 헤겔이나 비트겐슈타인 같은 위대한 철학자들의 사상을 토대로 논쟁을 전개하기도 하지만, 철학에 관심이 없는 사람들도 그저 재미있는 이야기로 읽을 수 있는 우화들이다.

각 우화에 등장하는 주인공들은 터무니없어 보이는 역설들로 이어지는 논쟁을 통해 현실을 뒤집어 봄으로써, 단순하게만 받아들이는 일상의 사건들이 얼마나 많은 의미를 가지고 있는지 생각해 보게 한다. 작가들은 각 라운드가 시작되기 전, 그 라운드에서 이야기될 사건들을 미리 알려주고, 라운드가 끝이 나면 각 우화에서 우리가 생각해 봐야 할 문제들을 정리해서 제시해 준다.

논쟁 1라운드에는 거울 속에서 자신의 도플 갱어를 발견하고 당황해 하며 자신의 행동 주체가 누구인지에 혼란을 겪는 '88호'의 남자가 등장한다. 또 무슨 목적을 위해 시간 여행을 해야 하는지를 생각하지 않고 타임머신만을 제작하려는 연구자, 약삭빠른 처세술로 일관했던 젊은 시인을 통해 원인과 결과의 문제를 다시 생각해 보며 우리가 아는 사건의 전후가 바뀌었을 때 생길 수 있는 결과에 의문을 제기한다. 또한 우리의 활동 능력은 그대로 남겨둔 채 의식만 제거시키는 '수면제 좀비', 뇌를 이식하는 줌 클리닉, 부분 기억상실증에 걸린 죄수가 등장하는 2라운드에서는 개성의 문제, 주관과 객관의 문제를 다루고 있다. 마지막 8라운드에서는 우리 사고의 지평을 열어주고 가능한 것과 불가능한 것을 분명히 알려줌으로써 우리의 정신을 자유롭게 해주는 논리학 문제들을 다루고 있다.

이 책에 가장 많이 등장하는 인물은 '그'와 '그녀'로, 이들은 독자인 '우리'라고도 할 수 있다 그 이외에도 경솔하게 흥분하는 사람, 교활하거나 멍청한 사람, 화를 내거나 당혹스러워 어쩔 줄 몰라하는 사람들이 등장해 흥미진진한 논쟁을 벌인다. 또한 논쟁마다 빠지지 않는 인물이 바로 '참견쟁이'이다. 참견쟁이는 똑똑하고 박식한 인물로 때로는 잘난 체를 하기도 하는데 종종 상식의 해석자로 끼어들어 어리석은 사람들이 돈과 시간을 낭비하지 않게 도와주기도 하고 의구심을 불러일으켜 다른 이들의 논쟁을 방해하기도 하는 인물이다. 이들이 펼쳐나가는 논쟁은 당혹스럽기도 하고 불확실해 보이기도 하지만 그 바탕에는 이성이 깔려 있다. 그러한 당혹스러움과 불확실함은 작가들이 '관념적 긴장'이라고 부르는 것의 출발점이 된다. 관념적 긴장이란 일상의 정상적인 상황에 들어맞았던 관념들을 새롭거나 기이한 상황에 적용할 수 없을 때 생긴다고 한다. 그리고 바로 이러한 긴장에서 '철학'이 탄생하는 것이다.

이 책의 저자는 로베르토 카사티와 아킬레 바르치 두 철학자이다. 두 사람 모두 이탈리아 태생으로 각각 프랑스와 미국에서 활발하게 활동하고 있다. 로베르토 카사티는 언어인지학 연구에 몰두하고 있으며, 아킬레 바르치는 콜롬비아 대학에서 강의하며 논리학과 형이상학 연구를 계속하고 있다. 이 책의 우화들은 이탈리아의 일간지 『라 스탐파』에 실렸던 것으로, 특이하고 기발하며 유머러스한 내용 속에 담긴 철학적 성찰로 인해 이미 이탈리아에서는 많은 호응을 받았다.

역설과 상상력으로 가득한 39가지 우화를 읽다 보면 어느새 잠자고 있던 의식이 깨어나, 자신도 모르게 철학적인 사고를 시작하고 있음을, 사고하고 철학하는 기쁨을 느끼기 시작했음을 깨닫게 될 것이다.

이현경